昇任論文
ポイント&フォーマット
作成法

伊東博巳・著

Point & Format

公職研

まえがき

　本書は、地方自治体の昇任試験で出題される論文科目を受験される方のために書かれた本です。

　試験論文について、どうやって勉強し、どのように考えて、書いていったらよいのかを一緒に考えていきましょうというのが本書の趣旨です。

　多くの受験者は、論文試験は参考書や問題集だけで勉強できない。ひたすら添削を受けて試行錯誤で慣れるしかないという苦手意識があるようです。しかし、論文試験にも効率的、効果的な勉強法があります。昇任試験論文に必要なポイントをつかみ、フォーマットに合わせて書くことが合格論文への早道となります。

　一方で、試験論文という特殊な論文の分野や文章があるわけではありません。試験という機会を活かして文章の書き方を習得するということは、仕事の中で起案文書や企画書、報告書などを作成するときに役立ちます。

　試験という時間や文字数の限られた中において文章を書く方法をしっかりと身につけることで、あなたの職業人生はきっと豊かになっていくことでしょう。しかし、昇任試験を受験する時期というのは、職業人生の中でも中堅として最も活躍を期待されている時期でもあります。中には家庭を形成する時期にある方もあり、個人的にも日々忙しくされていることでしょう。

　また、論文試験の他にも試験科目が課され、その勉強もしなければならないという方も多くいらっしゃることでしょう。論文試験の勉強にばかり日々の時間を割けないという方のためにも、本書は役立ちます。

　本書で、的（ポイント）を絞った解説に従って勉強し、論文の内容を考え、型（フォーマット）に合わせて文章を組み立てていく方法を習得すれば、効率的に論文を書くことができます。

　本書は、ステップ1からステップ7までの構成をとっています。入門、初歩の段階から順次試験論文の具体的な書き方、解答法へと進みます。実践編では論文を書くときにどのように考えながら論文へと組み立てていくのかをシミュレートしています。これらを順に読み進めていけば、論文に初めてチャレンジする方も楽々と学習を進めていくことができます。

　しかし、関心のあることや、どうやればよい論文が書けるようになるのかというテクニックだけをさっと学びたいという方にも活用していただけます。本書では、必要なテクニックや学習方法を76のポイントにまとめて解説してありますので、適当なところからつまみ食いで読んでいただいてもかまいません。

　まずは、論文試験突破のために、第一歩をスタートしていきましょう。

2016年6月　伊東博巳

Contents

ステップ1　昇任試験論文とは何か〜昇任試験論文　4つのポイント ── 2
1 昇任選考とは何かを知る ── 2
2 試験とは何かを知る ── 3
3 論文とは何かを知る ── 4
4 求められる能力とは ── 5

ステップ1　昇任試験論文とは何か〜
　　　　　　論文試験の評価項目　4つのポイント ── 6
1 問題意識 ── 6
2 論理性 ── 7
3 積極性 ── 7
4 表現力 ── 8

ステップ2　文章の書き方〜原稿用紙の使い方　6つのポイント ── 12
1 表題・課題 ── 13
2 見出し・小見出し ── 14
3 字下げ ── 15
4 句読点 ── 15
5 数字 ── 17
6 カッコ ── 18

ステップ2　文章の書き方〜文章表現　6つのポイント ── 19
1 誤字・脱字・送り仮名 ── 20
2 である調に統一 ── 21
3 文章の長さ ── 22
4 見出しの活用 ── 22
5 わかりやすい文章 ── 23
6 主語と述語を明確に ── 24

ステップ3　試験論文の書き方〜試験論文の準備　5つのポイント ── 28
1 資料・材料集め ── 29
2 問題意識をもつ ── 30
3 解決策を考える ── 31
4 合格論文に学ぶ ── 32
5 論文の分析 ── 32

Contents

ステップ3　試験論文の書き方〜試験論文の心得　7つのポイント ── 34
1. 出題者の意図をつかむ ── 34
2. 当事者意識をもって ── 35
3. 意欲と情熱をもって ── 36
4. 昇任したつもりで ── 36
5. 具体的に ── 37
6. 説明しない ── 38
7. 非難しない ── 39

ステップ4　フォーマット（型）から入る試験論文　〜試験論文のフォーマット（型）　5つのポイント ── 42
1. 試験論文の構成 ── 43
2. 起承転結・序破急 ── 44
3. 4段構成・3段構成 ── 45
4. 章立て ── 46
5. 試験区分と章立て ── 48

ステップ4　フォーマット（型）から入る試験論文　〜合格論文の基本フォーマット　7つのポイント ── 49
1. 基本フォーマットの抽出 ── 49
2. 4章立て論文のフォーマット ── 50
3. 第1章の基本フォーマット ── 51
4. 第2章の基本フォーマット ── 53
5. 第3章の基本フォーマット ── 55
6. 第4章の基本フォーマット ── 56
7. 3章立ての基本フォーマット ── 58

ステップ5　P&F式　論点発想・論文構成法　〜論点発想テクニック　7つのポイント ── 64
1. 課題の研究 ── 66
2. 論点の研究 ── 68
3. 1人ブレスト ── 69
4. KJ法 ── 70
5. 取捨選択 ── 71
6. 帰納法と演繹法 ── 73
7. 順列・組み合わせ ── 75

ステップ5　P&F式　論点発想・論文構成法
　　　　　　～論点構成テクニック　7つのポイント ──────── 78
1 出題意図の分析 ──────────────────────── 79
2 自分なりのテーマの設定 ──────────────────── 80
3 論点とストーリーの組み立て ────────────────── 82
4 レジュメの基本フォーマット ────────────────── 84
5 論文フォーマットへの思考の流しこみ ────────────── 87
6 5行レジュメでフォーマット発想 ─────────────── 88
7 3行レジュメで思考トレーニング ─────────────── 89

ステップ6　試験論文の勉強法
　　　　　　～試験論文の勉強法　6つのポイント ─────────── 92
1 練習論文を書いてみる ──────────────────── 92
2 添削を受ける ────────────────────────── 93
3 修正論文を完成論文にする ────────────────── 95
4 制限時間で論文を完成する ────────────────── 95
5 論文を書く訓練をする ──────────────────── 97
6 レジュメで効率化する ──────────────────── 98

ステップ6　試験論文の勉強法
　　　　　　～直前2週間の追いこみ　4つのポイント ───────── 100
1 キーワード集の作成 ───────────────────── 100
2 3行レジュメ集の作成 ──────────────────── 101
3 実戦型練習で時間感覚をつかむ ─────────────── 101
4 試験の条件確認と準備 ──────────────────── 102

ステップ7　試験論文の解答法
　　　　　　～試験本番の論文解答フロー　8つのポイント ──────── 104
1 記名と課題選択 ───────────────────────── 104
2 出題意図の分析 ──────────────────────── 105
3 自分なりのテーマの設定 ──────────────────── 106
4 論点発想 ─────────────────────────── 106
5 論点整理 ─────────────────────────── 108
6 メモから5行レジュメの作成 ────────────────── 109
7 論文フォーマットへの流しこみ ─────────────── 110
8 時間配分と読み直し ───────────────────── 111

Contents

実践編　Point & Formatによる昇任試験論文の書き方
〜設問の分析　6つのポイント ― 116
- ❶分野選択 ― 116
- ❷出題意図の分析 ― 116
- ❸問題意識の明確化 ― 117
- ❹自分なりのテーマの設定 ― 117
- ❺論点とストーリーの組み立て ― 117
- ❻結論の方向性の設定 ― 118

実践編　Point & Formatによる昇任試験論文の書き方
〜論点の発想　5つのポイント ― 119
- ❶1人ブレスト ― 119
- ❷KJ法 ― 121
- ❸取捨選択 ― 124
- ❹帰納法と演繹法 ― 126
- ❺順列・組み合わせ ― 127

実践編　Point & Formatによる昇任試験論文の書き方
〜論文の構成　6つのポイント ― 129
- ❶第1章の構成 ― 129
- ❷第2章の構成①【論点第一】― 130
- ❸第2章の構成②【論点第二】― 131
- ❹第2章の構成③【論点第三】― 132
- ❺第2章の構成④【再確認】― 133
- ❻第3章の構成 ― 135

実践編　Point & Formatによる昇任試験論文の書き方
〜レジュメの作成・論文化　4つのポイント ― 137
- ❶レジュメの基本フォーマット作成 ― 137
- ❷習作論文の解答用紙への流しこみ ― 140
- ❸レジュメの活用①【5行レジュメ】― 144
- ❹レジュメの活用②【3行レジュメ】― 145

ステップ1

昇任試験論文とは何か

昇任試験論文

論文試験の評価項目

ステップ1 昇任試験論文とは何か

昇任試験論文　4つのポイント

「敵を知り、己を知れば百戦危うからず」とは、中国古典の兵法書「孫子」から引かれた言葉です。

昇任試験論文の勉強をするためには、まず昇任試験論文とはどんなものなのかということを知っておく必要があります。加えて、自分の実力についてもよく考えておく必要があります。

敵＝**昇任試験について知り**、その上で己＝**自分の実力を評価して足りない部分を勉強することによって強化する**。そうすれば、必ずや昇任試験の**合格**を勝ちとれるということになります。

それではまず、昇任試験について考えてみましょう。

■1 昇任選考とは何かを知る

現在、多くの自治体で主任、係長、課長（管理職）といった3段階の職層への昇任選考が行われています。

これは、職員が公務員として採用され、
① 主任：経験を積んで**中堅**となり後輩を指導する時期
② 係長：係の長となって職員を**指導監督**してリーダーシップを発揮する時期
③ 課長：管理職として**自治体経営**の一翼を担う責任をもつ時期
とそれぞれ、職業人としての節々にあたる時期でもあります。

昇任とは、地方公務員法17条の規定により、任命権者が職員を現在の職より上位の職に任命することをいいます。

昇任を行うにあたり同法15条では、「職員の任用は、この法律の定めるところにより、受験成績、人事評価その他の**能力の実証**に基づいて行わなければならない。」としており、任用には「**成績主義の原則**」が適用されることが明示されています。

ステップ1　昇任試験論文とは何か
昇任試験論文　4つのポイント

　昇任選考は、職員に主任、係長、課長の各職層において必要とされる職務遂行能力を実証させ、住民の負託に応えるための適切な**人材配置**を行うことを目的に実施されています。

2試験とは何かを知る

　試験は、職員が必要とされる**職務遂行能力**を有しているのかどうかを判定するために行われます。

　多くの自治体では、職務上必要な知識、判断力を判定するために、法律や資料解釈、事例判断等の**択一式**の試験と、**小論文**による**記述式**の試験、及び**口頭試問**として**面接**などの試験が行われています。あわせて、日常の勤務における職務遂行能力や積極性、責任感、実績等の職務態度を判定するために**勤務評定**も行われています。

　単に試験だけで職員の能力を評価できるのかという疑問をもつ方もいるでしょう。しかし、試験によって**一律の基準**で**判定**することがなければ、経験が即、能力とされる年功序列や、派閥や上司の受けのよい者が昇任する情実人事に陥る危険性が高くなります。

　試験は、職員にとって乗り越えなければならない比較的**平等**な関門であり、自治体組織にとっては職員を一定の基準にまで**育成**できているのかを確認できる**機会**ともなっています。

　一方で、試験は組織にとっての**教育**のチャンスでもあります。自治体組織として必要な人材に求められる能力や態度、姿勢を例示し、それを職員が学んで受験することは、**人材育成**の絶好の機会ということができます。職員にとっても、それまでに得た知識、経験を確認することができ、より高度な職に就くことにより後輩職員を**指導育成**し、一段高い視点から**広い視野**をもって住民の福祉向上に**貢献**できることになります。

　もちろん、昇任によってその責任に応じて給与水準が高くなるという**経済的効果**も職員自身と家族にとって重要なことであるのはいうまでもありません。しかし、試験は1つのチェックポイントであり**通過点**です。

試験のために仕事をし、生活しているわけではありません。試験を受けるということは、試験のために自分と家族のための時間を割いて勉強する必要が生じます。家族や職場の仲間のサポートがなければ受験勉強を続けることはできません。

家族や職場への一定の負担の上に受験が可能になるということは、受験に費やすエネルギーを最少に抑えて、効率的に目標を達成することの必要性が出てきます。そのためには、**効率的**な勉強法なり、受験ノウハウなりの**実利的**なものの考え方をすることも必要です。

最小の犠牲で最大の効果を、つまり**合格**という**目標達成**を目指すことが重要となります。

3 論文とは何かを知る

論文とは、主題について筆者が自らの**意見**を**論理的**に述べる**文章**のことです。筆者の体験や見聞を語り、感想を述べる作文や随筆、日記などとは異なります。

昇任試験においては、仮に「作文」や「自己申告」などとして出題されていたとしても、課されているのは論文であり、作文や日記のように単なる体験談や感想、希望ではありません。

論文は、筆者自らの思考を論理的に記述して、読者に同意を求めたり、**説得**するための文章です。昇任試験論文では、出題された設問に関する論述を通して、受験者がどの程度の「**論理的思考能力**」や「**自己表現能力**」、他者への「**影響力**」をもっているかが**評価**されます。

また、自らの思考を表現する技術として、論文の**書き方**を学び、身につけることは、単に試験のためだけでなく、職業人、社会人として生涯にわたって役立ちます。昇任試験の受験を機会に、この論理的な文章を書くという「**スキル**」を**習得**することにも大きな意義があるといえます。

4 求められる能力とは

　昇任試験で評価される**能力**とは、試験に合格して**昇任後に就く職層**で必要とされる能力です。
　それぞれの職層には、経験やリーダーシップ、政策立案能力など異なった能力が求められます。
①**主任**
　主任は、高度な**知識**と**経験**を有する職員とされています。係内の**中堅職員**として、新しい感覚による**業務推進**の中心であり、後輩の**指導**、先輩との**調整役**となり、係長を**補佐**します。
②**係長**
　係長は、行政の最小単位の**組織の長**として、部下職員を**指導監督**し、**集団**として効率的、効果的に担当職務を**遂行**します。そのために課内係間や他部局との**調整**を行い、課長を**補佐**します。
③**課長**
　課長は、管理職として**行政運営**に責任をもち、政策を**立案**し、施策として**計画的**に**実施**します。このため多様な職員からなる課組織をまとめ、他部局や関係団体、住民との**折衝**、**調整**を行い、部長以上の経営者層を**補佐**します。
　昇任試験に合格すれば主任、係長、課長になれるのではなく、試験を受けるときには既に昇任後の職層で必要とされる素質と能力を有することを求められているのです。

ステップ1 昇任試験論文とは何か
論文試験の評価項目　4つのポイント

　昇任試験の問題は、多くの場合、各自治体の**人事担当職員**が中心となって作成し、**採点も同じ自治体に所属する部課長などの管理職**が行っています。中には業務委託等により、外部の**専門家**の力を借りる場合もありますが、基本的には各自治体の職員の立場から問題が作成され、採点がされています。

　採点にあたっては、採点者の主観が大きく入りこまないように複数の採点者によって、定められた**評価項目ごとの基準**に沿って行われます。

　論文試験において具体的に評価される項目は大きく次の4点になります。

1 問題意識

　試験論文では、受験者がどのような**問題意識**をもって職務にあたろうとしているのかがチェックされます。

　問題意識とは、課題の中から**重要な事項**を見出だして、**主体的に関わ**ろうとする気持ち、**態度**です。そのために、出題された設問を明確に**理解**できているのかが評価されます。設問そのものを誤りなく読みこなして、正確に理解されているのかがまず問われます。

　次に、設問の中に含まれる**問題点**や**課題**を正確に見出だすことができているのかを見られ、**理解力**、**問題意識**、**分析力**を評価します。設問を読みこなし、発見した課題をどのような視点から考えて、解決策を提示するのかというときに重要なのが問題意識です。

　設問の中から見出だした問題点、課題について、自分が所属する**自治体**、**地域の問題**として捉え、自ら所属する**組織の課題**、**目標**とどう関係するのかを考えることが必要です。

　また一方で、広い**視野**から課題を捉えているか、住民や行政の視点から考えているかについても評価されます。**自らの考えに基づいて、解決**

ステップ1　昇任試験論文とは何か
論文試験の評価項目　4つのポイント

策を導き出し、その解決策をどのような態度で**実践**しようとしているのかが評価されます。

　採点者は、受験者が設問から課題を**発見**し、自ら**考え**、**判断**し、**行動**することができるのかを見ています。

2 論理性

　論文全体に**論理の一貫性**があり、主張に**矛盾**や**飛躍**がないかがチェックされます。論理性があるというのは、述べられていることが前後で矛盾がなく、**筋道を立てて**、一定の**構造**をもって**組み立てられている**ということです。

　試験論文においては、設問について正確に問題点、課題を抽出した上で、その解決策を**論理的**に提示できているのかが評価されます。述べられていることが感情的であったり、情緒的なものではなく、誰もが納得できる**客観的**な事実に基づいているのかということも重要です。論述されている内容が**妥当**なものであるのか、誤った認識や思いこみがないかも重要なチェックポイントです。

　また、論文の**形式**が述べようとすることを正確に伝えられる形、つまり論理的な**構成**になっているのかということも評価されます。自分の意見を論述するというのは、相手に**説明**し、**納得**を得ようとすることです。

　採点者は、受験者が**住民**や**関係機関**などを相手に、論理的に説明し、説得できるかどうかを見ているのです。

3 積極性

　設問に対して自ら**積極的**に問題解決、課題克服をしていこうという**意志**があるのかどうかがチェックされます。

　ここで「意志」とういうのは、自ら進んである行動をするという**積極的な意図**をもつ、つまり志をもつことです。これに対して「意思」は、自分の考えや思いのことで、個人の思考を中立的に表す言葉で、そこに

7

は意志のような積極的な意図がありません。

　試験論文においては、自らの考えを単に述べるだけではなく、問題解決、課題克服に**自ら進んで行動**していこうという積極性が重要となります。

　論文の中で、現状の問題点ばかりを羅列し、指摘しているだけでは、自ら進んで解決しようとする意志があるのかを疑われます。課題や背景についての解説を長々と行うなど知識を披露するだけでは、**問題解決能力**があるのかを見ることができません。また、評論家然とした批評や、こうあるべきであるという「べき論」を述べているだけでは、課題に対して自ら進んで取り組んでいこうとする**主体性**があるのかが疑われます。

　採点者は、受験者が自ら**積極的**、**主体的**に問題解決に向け取り組むことができるのかを見ています。

4 表現力

　論文として、**原稿用紙**をルールに則って使えるか、**誤字**、**脱字**がないか、読みやすく、わかりやすい**文章**か、**用語**や**表現**が正確、適切かどうかがチェックされます。

　試験論文における**表現力**とは、自分の考えを**客観化**して**論文の形**で表すことができる能力のことです。要は、読み手に、自らの**主張**を十分に**伝える**ことができるのかどうかが重要なチェックポイントです。

　詩歌や小説のような表現力豊かな文章であったり、独創的な発想である必要はありません。ごく一般的な言葉を使って、自分の考えや主張を、わかりやすく相手に伝えることができればよいのです。

　そのためには、論文の形として表す原稿用紙の使い方が一般的なルールに合っているのかという形式的なことも重要です。より基本的な能力として、誤字、脱字がないか、または発見して訂正ができるのか。用語や文章表現が正確であるか、適切に使われているのかも見られます。

　このような表現力は、**日常の仕事**をするにあたっても必要とされる基

礎的な能力といえます。論文試験を勉強の機会として捉えて、基本的な**文章表現**の方法を再確認しておいて損はないでしょう。

　採点者は、受験者が**住民**や**関係機関**との**折衝**にあたって相手に正確に**理解**され、**納得**してもらえる**コミュニケーション能力**があるのかどうかを見ているのです。

　多くの場合、**採点者**は同じ自治体で働く**上司**です。上司は、部下にはこのような能力をもってほしい、こんなことができる職員へと**育成**したいと、望んでいる**職員像**を基に採点しています。専門家に採点を委託している場合にも、その**自治体**の試験対象の職層の職員としてどのような能力をもち、どのように行動するのかという視点で**採点**しています。

　試験においては、**採点者**のこともよく**知っておく**必要があります。自分が上司となったら部下としてどんな職員がいてほしいかを**想像**しながら、論文を組み立ててみるとよいでしょう。

　また、採点者は一定の時間に多数の論文を読むことになります。上手でなくても読みやすい**文字**と、流れをつかみやすい**構成**は、採点者の**好印象**を獲得できます。

ステップ2

文章の書き方
原稿用紙の使い方
文章表現

ステップ2 文章の書き方
原稿用紙の使い方　6つのポイント

　論文は、**文章**で書くものであり、文章は原稿用紙に**筆記用具**で書きます。現在では、パソコンのワープロソフトを使って文章を「打つ」ことが、「書く」ことと同義となってきています。しかし、**試験**においては、原稿用紙に鉛筆で書くことがほとんどです。

　文章をパソコンで書くことに**慣れて**しまうと、鉛筆をもって手で書くことが煩わしくなるものです。パソコンでは、**思いついたままに書き進め**、後から文章を**切り貼り**して完成させることができます。書き始めの障壁が低いというよい点があります。

　しかし、**手で書く**には、書く前に考えを**整理**して、文章を組み立てなければなりません。ましてや、**漢字**を手で書かなくなると、読めるのに書けないということが頻繁に起こるようになります。

　また、パソコンでは**漢字変換**も気軽にできますので、難しい漢字を使いがちです。パソコンによる文章の切り貼りと難しい漢字の使用は、**凝った文章**を書くようになる原因ともなります。

　パソコンで文章を書くことに慣れると身についてしまう①構成を考えない、②切り貼りで仕上げていく、③漢字が書けない、④凝った文章を書く、といったことが、試験論文を書く受験者にとっては災いとなります。

　試験論文を書くための勉強には、パソコンを一切使わずに、初めから**原稿用紙とメモ用紙、鉛筆と消しゴム**を使うことにもう一度**慣れ直す**必要があります。

　原稿用紙を使って文章を書くことには**ルール**があります。このルールに則って文章を書くことが、読みやすい文章への第一歩となります。

　日本では元来縦書きが基本で、原稿用紙のルールも縦書きに基づいています。しかし、最近は業務用文書はほとんどが横書きであり、昇任試験論文でも、横書きが採用されています。

　横書きの原稿用紙の使い方も、縦書きを基本とし、数字や記号などの

扱いが若干違うだけです。

　原稿用紙の使い方は、試験論文だけではなく、**仕事**で使う起案や報告書などの業務用文書を書くための**基本ルール**となります。このルールをマスターすることは、仕事の**スキルアップ**にも役立ちます。

1 表題・課題

　論文は、まず**表題**から書き始めます。表題は、これから**何**について論じるのかを**的確**に表現する**短い文**とします。

　表題の**書き始め**の位置は、原稿用紙の1行目に3文字分を空けて、4マス目からとし、なるべく1行で収まるようにします。2行目は空けておき、本論の部分との区分を明確にして表題を強調します。

		活	力	あ	る	職	場	づ	く	り		
1		今	求	め	ら	れ	る	…	…			

　試験論文では、複数の課題の中から1つを**選択**して書く場合があります。また、**専用**の原稿用紙が使用されることもあります。

　このため、表題や選択した課題を原稿用紙の**決められた位置**に書くよう指示されることがあります。この場合は、表題を原稿用紙の1行目に書く必要はなく、1行目から本文の見出しを書きます。

	選択課題		活力ある職場づくりと主任の役割								
1		今	求	め	ら	れ	る	職	場	の	活	性	化

　表題・課題とともに忘れてならないのは、**受験番号**または**氏名**です。集合式の試験では、受験者名を記入することはないでしょうから、番号を確実に記入することです。番号がなければ誰の論文かわからず、採点

の対象外になってしまいます。

　集合式でない申告式の試験では、作文や申告書ということがあります。この場合には、氏名等の記載欄がありますので、そこに氏名や所属、番号等の必要事項を記入します。

❷見出し・小見出し

　見出しは、論文の**構成**をはっきりさせ、**論理の流れ**を示します。これから始まるブロック（章）の論点を的確に表す**短い文**とし、何番目の章にあたるか番号を付します。章の番号の後は1文字分を空けて、見出しを書きます。できるだけ1行で収め、最後は句点（。）をつけません。

1		今	求	め	ら	れ	る	職	場	の	活	性	化		

　見出しが2行にわたる場合は、2行目の最初の1文字分を空けます。章番号の後は、1文字空けるのではなく、「．」（点）を置いてもよいでしょう。

2	．	環	境	に	や	さ	し	い	ま	ち	づ	く	り	に	欠	け
	て	い	る	視	点											

　小見出しは、章の中で**論点**を明確にするために使います。「第一に、……」のように**文章の形**をとると、文章の流れを切断することなく、論点を目立たせることができます。

	第	一	に	、	職	場	内	の	コ	ミ	ュ	ニ	ケ	ー	ショ
ン	を	密	に	す	る	こ	と	で	あ	る	。				

　採点者（読者）は、見出しや小見出しに書かれている文章から論理展

開や論点を大きく把握していきます。見出しとそれに続いて書かれているブロックの内容が大きく異なるようでは減点対象となります。

3 字下げ

「字下げ」とは、行頭の1文字分を空けて、2マス目から書き始めることです。新たな**段落**が始まる場合には、**必ず改行（行替え）**して次の行に移り、字下げを行います。段落の書き出しの文章は、必ず1文字分を空けて、2マス目から書き始めます。

| | 限 | ら | れ | た | 財 | 源 | の | 中 | 、 | 複 | 雑 | 、 | 多 | 様 | 化 | す |
| る | 市 | 民 | 要 | 望 | に | 的 | 確 | に | 応 | え | て | … | | | | |

ただし、前の文に続いて同じ段落の中に入る文章は、この限りではなく前文の句点（。）に続けて始めます。

| 業 | 務 | を | 行 | う | 。 | そ | の | た | め | に | は | 、 | 事 | 前 | に | 準 |
| 備 | を | 十 | 分 | … | | | | | | | | | | | | |

　字下げを行うことによって、1つのまとまりのある文章群を**段落**としてはっきりと明示します。字下げをして段落を分けると、採点者にここから異なった視点や論旨に入ることになるのだなと心の**準備**をさせることができます。

4 句読点

　句読点は、文章の**意味**の切れ目を示すための**符合**です。**句点**（。）は、1つの文章の**終わり**につけます。**読点**（、）は、読みやすさや**文意**を明確に示すために付します。
　原稿用紙では、句読点も文字と同じように1マスを使います。行の末

尾のマスで文章が終わった場合は、マスの外（右側）にはみ出してつけます。決して次の行の先頭に句読点（、や。）を打ってはいけません。

悪い例

| に | は | 、 | 効 | 率 | 的 | な | 業 | 務 | 執 | 行 | が | 必 | 須 | で | あ | る |
| 。 | し | か | し | 、 | 職 | 員 | に | は | コ | ス | ト | 意 | 識 | が | … | |

よい例

| に | は | 、 | 効 | 率 | 的 | な | 業 | 務 | 執 | 行 | が | 必 | 須 | で | あ | る | 。|
| し | か | し | 、 | 職 | 員 | に | は | コ | ス | ト | 意 | 識 | が | … | | | |

　句点を付す位置は理解しやすいのですが、読点をつける位置はなかなか難しいようです。読点を打つ位置は、これといった決まったルールがあるわけではなく、書く人の思い次第ということになります。多くの場合、主語の後に読点を打って主語を明確にしますが、これすらも必ずつければよいというわけではありません。

　読点は、まず**読み手**（**採点者**）が読みやすいように**配慮**して打つことが重要になります。読みながら息継ぎができないほど長い間、読点なしに文章を続けたのでは、息苦しくなります。たとえ声に出して読まなくても、意味を理解しながら読んでいくためには、適当な位置に読点を入れていく必要があります。

　横書きの場合、句読点はカンマ（,）とピリオド（.）を使うといわれることがあります。教科書や公用文書では点（、）ではなくカンマ（,）や、丸（。）ではなくピリオド（.）が使われることがあります。しかし、最近では多くの文書で、縦書き、横書きにかかわらず点（、）と丸（。）が使われるようになっています。特に指定のない限り、点と丸でよいでしょう。

まれに、句読点の他に1文字分の空白を意味の切れ目として使っている文章を見ることがあります。話し言葉や詩歌などでは、空白が読点代わりに使われることもあるかもしれませんが、少なくとも論文では、空白は使いません。

5 数字

縦書きの場合、数字は、漢数字で「二千十八人」などと表記しますが、横書きの場合は**「算用数字」**（アラビア数字）の123…などを使います。数字は、基本的には1文字に1マスを使いますが、2桁以上の場合は、算用数字2文字で1マスを使う方が、読みやすくなります。

人	口	は	19	90	年	度	に	比	し	て	約	3	千	人	の	減

数字が行の末尾にかかって2行に分かれてしまう場合は、末尾を空けて、数字全体を次行の初めからに送りこみます。

の	入	所	待	機	児	が	急	増	し	、	今	年	度	当	初	
2	84	人	と	な	っ	た	。	し	か	し	、	…				

数字で注意を要するのは、**漢数字を含んだ1つの語句**となっているものです。これを間違えて算用数字にしてしまうことがあります。

誤用の例

1	人	1	人	の	意	見	を	十	分	に	…					

正しい例

| 一 | 人 | ひ | と | り | の | 意 | 見 | を | 十 | 分 | に | … | | | |

6 カッコ

　カッコ（　）は、多くの場合、直前の語句を**説明**するのに用います。カギカッコ「　」は、誰かの**発言**や**引用**、決まった言い回しなどをそのまま使う場合や特に**強調**したい用語（キーワード）などに用います。カッコ（　）やカギカッコ「　」は、1文字分として、1マスを使います。

| り | 「 | 最 | 少 | の | 費 | 用 | で | 最 | 大 | の | 効 | 果 | 」 | を | 発 | 揮 |

　また、カッコが行の末尾に収まらず、次行の先頭に来てしまう場合は、句読点と同じように末尾のマスの右側にはみ出して書きます。

悪い例

| … | … | 法 | が | 施 | 行 | さ | れ | た | 20 | 00 | 年 | （ | 平 | 成 | 12 | 年 |
| ） | か | ら | 既 | に | … | | | | | | | | | | | |

よい例

| … | … | 法 | が | 施 | 行 | さ | れ | た | 20 | 00 | 年 | （ | 平 | 成 | 12 | 年 | ） |
| か | ら | 既 | に | … | | | | | | | | | | | | | |

ステップ2 文章の書き方
文章表現　6つのポイント

　論文では、文章によって自分の考えを読み手に正確に伝え、説明し、説得しなければなりません。そのためには、相手にわかりやすく、読みやすい**文章表現**を用いることが重要になります。

　昇任試験論文では、**読み手**は**採点者**です。採点者は、受験者が自分自身の考えをもっているのか、それを的確に伝えることができるのかどうかを見ています。

　読み手を**想定**した文章表現が必要となります。だからといって、試験論文用の文章表現という特別の表現方法があるのかというと、特に決まったものがあるわけではありません。しかし、自分の考えていることを正確に**伝える**ためには、意味が**明確**で、**論理的**な文章である必要があります。

　試験論文での文章とはいえ、自分の考えを表現する自分の文章が基本となります。小学校の頃から書いてきた作文や読書感想文などの自分の文章を基に、**簡潔**でわかりやすい文章を書くことが第一です。一方で、受験者は、普段から文章を書く機会が多い人ばかりではないでしょう。まずは、文章を書くということ自体に**慣れる**ことが必要となります。

　論文の文章表現に慣れるためには、雑誌や試験論文の入門書などに所載されている、いわゆる「**合格論文**」をいくつも読んでみて、先輩の文章表現から**学ぶ**ことから始めるとよいでしょう。読むだけではなく、最初は論文全部を原稿用紙に**書き写し**てみるのもよい勉強になります。書き写しながら、文章がどのような考えから成り立っているのか、言葉の意味やつながり、文章と文章のつながりなどを自分なりに**考え**ながら、じっくりと**書いてみる**のです。

　また、新聞の社説を毎日読むことも大変よい勉強になります。社説には的確な**見出し**があり、本文を読む前に論者の伝えたいことがはっきりと理解できます。社説を読むことにより、自分の考えを明確に伝えるための**短い文章表現**を学ぶことができます。付随的には、その時々の社会的な問題や関心事について述べられていますので、今現在の社会情勢を知ることも

できます。

　論文などの自分の考えを表明する文章では、書く人自身が理解していることしか文章で書くことはできません。試験論文の**勉強**や学習は、文章表現の方法や**知識**を得るためのものであり、雑誌等に掲載されている合格論文を**丸暗記**して試験会場で思い出して書こうなどと思ってはいけません。必ずや思い出せなかったり、想定外の設問が出て、パニックに陥ることになるでしょう。論文は、設問について**自ら考えて書く**ものであるということを肝に銘じてください。

1 誤字・脱字・送り仮名

　試験論文では、**誤字や脱字は確実に減点対象**となります。誤字があまりにも多いと、採点者からは、この受験者は基礎的な知識をもっているのかと疑われてしまいます。

　誤字は、正字と思いこんで使っている場合も多くあります。普段から注意して漢字を読み、**辞書を引く**習慣をつけることが大切です。誤字ではないが**慣用**されている「所謂(いわゆる)」や「如何(いか)にも」などの「**当て字**」も使わないようにします。

　脱字は、試験場など緊張状態で書く場合は起こりやすいものです。しかし、論文試験の最後の段階で**読み直し**をするときに口の中で声を出すつもりで読めば、発見できるでしょう。論文を勉強している段階から、読み直しにあたって、黙読よりしっかりと読み上げるつもりで読む「**声を出さない音読**」を練習しておくことをおすすめします。

　送り仮名の書き方は、各自治体の**文書規定**に示されている送り仮名に関する基本的な取り扱い方法に準じるのがよいでしょう。試験論文では文字数が限られているため、同じ言葉を文字数を少なくして書きたいのですが、できるだけ文書規定に合わせるようにします。例えば、「読み直し」という語の場合、「読直し」と書くことも可能です。文書規定で後者が許されているなら構いませんが、読み手が素直に読めるかどうか

について配慮するならば、前者の送り仮名を中に入れる方を選択するということも必要です。

　論文を書き終わり、読み直し中に**誤り**を見つけたら、その部分を**修正**することになります。脱字を発見して、原稿用紙に文字を追加するときには、脱字の位置の下に「∧」の字型の記号を入れ、その上の行間に書き漏らした字を書き足します。

| 人 | 口 | は | 19 | 90 | 年 | 度 | に | 比 | し | て | ^約 | 3 | 千 | 人 | の | 減 | 少 |

　これで、採点者は脱字はなかったことにしてくれます。
　誤字の**訂正**は、**消しゴムで消すか、二重の取り消し線を入れて**正しい文字に書き直します。

| 人 | 口 | は | ~~19~~ | ~~90~~ 2000 | 年 | 度 | に | 比 | し | て | 3 | 千 | 人 | の | 減 | 少 |

❷である調に統一

　文章の様式である**文体**には、口語体や文語体などさまざまなものがあります。現代の口語体では、「である」調、「です・ます」調がよく用いられます。
　「である」調は、「〜である。〜だ。」で文章が終わる文体です。**簡潔**で、**明確**な文章表現ができる特徴があります。
　これに対して「です・ます」調は、**丁寧**な言葉遣いができるのですが、表現が**冗長**になり、文章が長くなりがちです。
　試験論文では、**限られた文字数**の中で自分の考えを表明しなければなりません。そのため、主張を簡潔に表現できる「である」調の文体が適しているといえます。また、「である」調と「です・ます」調を**混用**すると、文章が読みにくくなりますので、**避け**なければなりません。

試験論文では、「である」調に**統一**し、一貫した調子で書くことが重要です。

❸文章の長さ
　長い文章は、読みにくいだけではなく、書かれている内容を読み手に正確に伝えることができません。1文の**長さの目安**は、1行20文字の原稿用紙で3行、**60文字**までででしょう。これを超えると、文章が冗長に感じられるようになります。

　1つの文章にいくつもの内容を詰めこもうとすると、文章が長くなってしまいます。これは、書き手が何を述べたいのかを十分に整理しきれていないために起こります。複数の事柄を併せて論じたり、いくつかの経過を続けて1つの文章の中で述べようとすると文章が長くなってしまいます。

　試験論文では、論点を整理して、文章を論理的に積み重ねていく必要があります。論文の勉強をするときには、「**文章は短く**」を常に意識して書くよう心がけます。

　自分で書いた文章が長いなと感じたら、句読点を入れて複数の文章に**分割**できないかと見直してみましょう。こうすること自体が、文章の書き方の**勉強**になります。

❹見出しの活用
　見出しは、新聞や雑誌などで使われている、記事本文の内容を示した表題です。短い文で、端的に内容を表しています。読者の目を**惹き**つけたり、読者が読みたい記事を探すための**索引**の役割もします。

　論文における見出しは、これから論述する内容を読み手にあらかじめ**伝えて**おく役割をします。もし見出しがないと、読み手は本文の内容を読み進んでいくまで、何について書かれているのかを把握することができません。

論文では、テーマに関するいくつかの**論点**を整理してグループ化し、**順序**だてて論述していきます。文章の構成から見ると、大きな「**章**」の中にいくつかの「**節**」や「**段落**」が入る構造になります。

```
設問　自治体組織の活性化について

第1章　市政と組織活性化
第2章　市組織活性化の阻害要因
　　第1節　縦割り組織の弊害
　　第2節　職員のモチベーション低下
　　第3節　市政への市民参加の不足
第3章　組織活性化のための具体策
　　第1節　庁内LAN活用による組織の有機的結合
　　第2節　職員のやる気を引き出す組織風土の醸成
　　第3節　企画段階からの市民参画の推進
第4章　組織の活性化で豊かな地域社会を
```

上の例は、ある論文の見出しのみを取り上げました。

見出しを見ると、全体の構成がわかり、論点もはっきりとつかめます。見出しの中の太字の部分がキーワードです。

試験論文では、**採点者**は、論文の構成や、論点の的確さ、論理の展開などを見出しを使っておおまかに捉えていきます。逆に、論文を書くときには、見出しとその中のキーワードを基にして、論文の**構成**や論点の**整理**、**論理展開**の**方向性**などを考えていくことができます。

5 わかりやすい文章

わかりやすい**文章**とは、読み手に**一読**して内容を**理解**してもらえる文章のことです。そのためには、意味の**明確**な文章である必要があります。

まず、**形式的**に文章が明確でなければなりません。**主語**、**述語**がきちんと**対応**しているか、「てにをは」が正しく使われているかなど、読み

手に正しく意図が伝えられる文章とするように心がけます。

次に、書かれている**内容**が、**読み手**に明確に伝わらなければなりません。書かれている事柄が**事実**なのか、あるいは思いこみであったり、**独善的**になっていないか、読み手に**論理的**に理解してもらえるのかなどに注意します。

わかりやすい文章を書くためには、**書き手自身の考えが十分に整理**されている必要があります。考えが整理されていると、文章も整理され、書かれている内容も整然として、わかりやすい文章となります。そのためには、論文の勉強をするときに、設問に関連する事項を丹念に**調べ**、自分なりの**問題意識**をもってよく**考える**ことが必要です。常日頃から、新聞や雑誌などを読むときにも、記事の中のキーワードに印をつけたり、それらの関係を考え、どのような背景から記事が書かれているのかを考える習慣をつけるとよいでしょう。

❻主語と述語を明確に

文章を使って、内容を明確に表すためには、**主語と述語**が的確に**対応**していなければなりません。**主語**は、「私は」や「住民が」などの動作や状態の**主体**となるものです。**述語**は、「書く」や「見る」などの動詞、「青い」や「若い」などの形容詞などで主語の**動作**や**状態**、**性質**などを**叙述**する語です。

日本語では、内容上明らかな場合や、文法上明らかな場合には、主語が**省略**されるのが普通です。実際、「私は…。私は…。」と文ごとに同じ主語が続く場合などには省略しないとくどい文章と感じられてしまいます。しかし、論文の場合は正確な論述が要求されますので、誰が何をするということが明確に伝わるように主語を**明示**する必要があります。

また、1つの文章の中で主語と述語が遠く離れていると、「誰が」それをするのか、「何が」そうであるのかということがわかりにくくなります。主語と述語はあるだけではなく、**近くに置く**ことも大切です。と

くにいくつかの文章が続く場合で、文章ごとに主語が異なるときには、主語を省略すると文意が正確に伝わりにくくなります。

　試験論文では、「**主語欠は文章にあらず**」（主語を欠いた文は、文章ではない）というくらいの厳しさで文章を書くようにしたいものです。

ステップ3

試験論文の書き方

試験論文の準備

試験論文の心得

ステップ3 試験論文の書き方

試験論文の準備　5つのポイント

　昇任試験で課される論文では、設問としてどのような範囲で課題・問題点が出題されるのか、**一定の範囲**があります。自治体職員としての能力を判定するのですから、当然、自治体が取り組むべき**行政課題**や、昇任して就く職層の職員として必要な**事務管理**や**人事**、**組織管理**についての課題が出題されます。

　試験論文を書くにあたっては、これらの課題についてあらかじめ**勉強**しておきます。試験会場では、実際に出題された設問について考え、論述することにより解答とします。

　論文試験の「勉強」といった場合、先に論文を作ってしまい丸暗記しようとする方がいます。つまり、出題される範囲から設問を想定して、その設問で論文を書き、これを推敲して、完成論文にした上で、**丸暗記**することが早道だと思われているのです。想定した課題・問題点すべてにわたってこの作業ができ、かつ試験会場で焦らず冷静に暗記した1文1文、一言一句を思い出して、原稿用紙に書き写せば、大成功ということになります。

　しかし、出題範囲内の問題をすべて**網羅**することができるか、完成論文をそんなにたくさん書けるか、たくさんの論文を丸暗記できるかという現実論にぶつかります。ヤマを張って2～3題を頭に叩きこんでも、ヤマが外れたり、途中で思い出せなくなれば、**万事休す**です。こうなると、後は適当に原稿用紙のマスを埋めることになります。

　このような危険を犯すくらいなら、初めからどのような設問が出ても、ある程度は書けるように、論文試験に向けた準備をしておくべきでしょう。昇任試験は、昇任後の職層に必要な**知識**や**能力**を**習得する機会**でもあるのですから、時間を割いて勉強しても損はありません。

ステップ3　試験論文の書き方
試験論文の準備　5つのポイント

1資料・材料集め

　論文を書くにあたってまず必要となるのは、課題・問題点に対する**知識**です。行政課題であれば、「少子高齢化」や「地域防災」から「地球環境」まで、自治体の取り組むべき課題について広い範囲から出題されます。内部管理課題では、「職員の育成」や「効率的な事務執行」など、組織内の当該職層で求められる事務管理や職員管理、組織管理についての課題が出題されます。

　これらの課題についての基礎的な知識は、身近なところから**資料を収集**し、論文を書くための**材料**として活用します。

◎**新聞**　全国紙や地元紙などは、日々の社会の動きを伝える記事そのものも重要ですが、特に**自治体**と関連する特集や解説記事などは**スクラップ**しておきます。

　また、**社説を読む**ことは文章の書き方の勉強をしながら、社会情勢についての考え方を勉強できますので、**効率的な教材**といえ、特におすすめします。

◎**雑誌**　**地方自治関係**の雑誌は、自治体の具体的な取り組みや、それを取り巻く環境の変化などを勉強するために**役立**ちます。

　書かれている内容も重要ですが、使われている**キーワード**や**テクニカルターム**を押さえて、それについて**調べる**ことも知識を増やすことに役立ちます。

◎**専門書**　高度な専門書は必要ではありませんが、事務管理や組織管理の**入門書**は読んでおく必要があります。専門書は、必要になったときに、図書館を利用するのもよいでしょう。

　自治体によっては、行政課題から職場管理まで広範囲にわたる基礎知識についてまとめている**職員研修用**の**テキスト**が発行されている場合があります。ぜひ購入して熟読しましょう。

　所属自治体で発行していなくても、他の都道府県市町村の発行しているものなどでも、当該地域独自の部分以外は、十分参考になります。

『必携自治体職員ハンドブック』(公職研)もおすすめです。
◎**受験参考書** 自治体昇任試験の受験者に向けて出版された受験参考書は、これはと思うものを購入してじっくり使いこみたいものです。自分の将来への投資としてある程度の出費をすることが、真剣さへの動機づけともなります。
◎**市報・市民向けパンフレット・市ホームページ** 市民向けの情報は、所属する自治体の現在の**活動や課題**についての情報がわかりやすく掲載されています。市報などは、少なくとも1年分は読みこんでおく必要があります。
◎**庁内報** 職員として**知っているべき情報**が掲載されています。所属自治体の具体的な動きや取り組んでいる課題などを簡潔、的確に把握できます。市報とともに、少なくとも1年分は読みこんでおきましょう。

2 問題意識をもつ

問題意識とは、「事態・事象についての問題の核心を見抜き、積極的に追究しようとする考え方」(広辞苑)です。昇任試験において評価される「問題意識」とは、社会・経済情勢から事件・事故に至るまで、**所属する自治体に関わる問題として意識する**能力のことです。つまり、さまざまな事柄を常に**自分の仕事と関連して考えられる**かどうかが問われているのです。

ここで**問題**というのは、あるべき姿や目標とのギャップであるといってよいでしょう。このギャップを正確に把握するためには、正確な**知識**と**現状認識**が必要となります。

自治体におけるあるべき姿や目標が、端的に示されているのは自治体の**基本計画**や**長期計画**、これを実施するための**実施計画**や毎年度の**予算概要**、首長の**施政方針**などです。これらの概説は、庁内報に掲載されるなど、全職員が情報として共有できるようになっているでしょう。

また、住民向けの市報などにはより具体的でわかりやすく解説がされ

ています。一方、地元紙などにも地域に関わる問題などが掲載されています。

　これらの情報を自ら所属する自治体に関わる問題として、とくに昇任しようとする**職層**で実際に**解決**しなければならないギャップとして認識することを、日頃から**意識的**に行っていくことが大切です。

❸解決策を考える

　現状や問題点を把握することができれば、次は、それに対する**解決策**を考えることになります。試験論文では、この解決策を提案することが**重要なポイント**となります。しかし、解決策そのものは論文評価における最重要のポイントではありません。

　論文を書くからには、自ら考えた独創的で効果的な解決策を提示しようと、意気ごみたくなるのは当然です。しかし、そのようなオリジナルな解決策がそうそうあるものでもなく、あったとしても専門家や先輩方が既に提案や実施をしてきていることでしょう。

　解決策そのものは、誰でもが考えつく**平凡**なもの、これまでも**実施されてきた施策**で十分なのです。大切なことは、さまざまな解決策を**自分なりの「視点」**から整理し、**組み合わせる**ことなのです。

　自分ならこの問題については、「こういう視点から、こういうアプローチで解決していく」という提案にこそ**オリジナリティ**を発揮するのです。

　例えば、職場管理の課題で「やる気ある職員の育成」という設問に対して、完全にオリジナルな解決策が提案できるでしょうか。士気の向上や能力開発、動機づけやOJTなどなどの課題克服のための方策が思い浮かびます。これらをどう組み合わせて、やる気ある職員として育成していくのかという視点をはっきりと意識して論文に**組み立て**ていくことこそが、試験論文では**最重要のポイント**となります。

4 合格論文に学ぶ

合格論文とは、昇任試験に**合格した先輩**の書いた論文や、添削指導などの**指導者**に合格レベルに達していると評価された論文のことです。現在、自治体昇任試験向けの**受験参考書**が数多く出版され、合格論文や見本論文をたくさん読むことができます。これらのいわゆる「合格論文」を試験論文の勉強のための**教材**として活用しましょう。

日頃、小説などは読んでも、論文などを読む機会は少ないものです。多くの方には、論文の文章は読みにくく感じるでしょう。これは、論文で使われている用語や文章表現が、日常の会話の中で現れるものとは少し異なっているからです。

論文には、論文としての目的に合った**表現**や**構成**があります。よい論文を数多く読んで、「論文的」な文章に**慣れる**ことが大切です。

しかし、合格論文を漫然と読むだけだったり、気に入った文章を自分の論文に拝借（コピー＆ペースト）するだけでは、論文の勉強にはなりません。よい評価を得た合格論文を題材として、そこから論文の**書き方**を「学びとる」ことこそが必要です。

論文とは、どのようなものなのか、どういう**構造**になっているのか、どういう**流れ**になっているのか、どんな**表現**がされているのかなどをつかみとることが重要なのです。

自分なりの論文を書くための**ステップ**（踏み台）として使わせてもらおうという姿勢で、先輩方の努力の産物である合格論文を教材として活用させてもらいましょう。

5 論文の分析

先輩方の書いた合格論文を自分のものとしていくためには、論文を**分析**して、そのエッセンスを**吸収**します。評価の高い合格論文をいくつか選び出して、1文、1文ずつの**文章**を、自分なりに**意味**を見出しながら、どんなことが書かれているのかということを**コメント**として書き出

していきます。

《論文例》
　①近年、少子高齢化や情報化、国際化の進展など、市政を取りまく社会環境の変化は著しい。②市民要望も、物質的な満足から精神的な豊かさを求めて多様化し、複雑化、高度化してきている。
　③一方、長期にわたるデフレ経済から脱しつつあるとはいえ、市財政は未だ厳しい状況が続いている。
　④このような状況の中、市政が市民福祉を向上させていくためには、より効率的で効果的な事務事業へと率先して見直しを進めていく職員づくりが欠かせない。…

《コメント》
①社会的背景1
　市政を取りまく社会環境
②社会的背景2
　市民要望の変化
③経済的背景
　日本の経済状況、市財政の状況
④解決の方向性
　事務事業の見直し、職員育成

上の例は、ある論文の初めの部分について1文ごとに自分自身の考えたコメントを右側に記したものです。このような作業をいくつかの論文で行います。

このコメントを比較すると、多くの論文に**共通の構造**があることに気がつきます。この構造を理解して参考とし、自分なりの考え方を表現する方法として活用することが、論文の書き方を**勉強**する**早道**となります。

ステップ3 試験論文の書き方
試験論文の心得　7つのポイント

　昇任試験論文を書くにあたっては、「心得」ともいうべきいくつかの注意点があります。試験論文は、**出題者、解答者（書き手）、採点者（読み手）の三者の関係**をよく理解した上で書くことにより、より適切なものとなります。

　このことは、試験論文だけではなく、文章を書くときには、常に対象と書き手、読み手の関係を意識することの重要性を学ぶことでもあります。仕事で使う起案や報告書を書く際にも役立ちますので、心得ておいても損はありません。

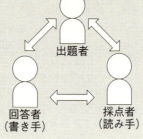

■1 出題者の意図をつかむ

　試験論文で出題される問題は、多くの場合、所属自治体の職員によって作られます。専門家に選考試験を委託している場合にもその自治体の抱える課題や取りまく環境に基づいて設問が作られます。

　設問は、自ずとその自治体が重点的に取り組んでいる**施策**や**問題点**、**課題**などに**関連**して出題されることになります。出題者が、どのような問題意識をもって設問を考案し、何を解答してほしいのかという「**出題者の意図**」を探ることは、より的確な解答へと導く基になります。

　例えば、「人口構成の変化」という課題についての問題が出題されたとします。わが国の一般的な状況から考えれば、高齢化が進み、各自治体でもそれへの対応が種々行われていますので、高齢化対策について解答すれば、課題の一部に応えたことにはなります。しかし、これだけでは不十分なのです。課題は、「人口構成」ですから、人口の高齢化だけが問題になっているのではなく、少子化や、生産年齢人口の減少、外国

人住民の増加などについても考える必要があります。

例えば、所属自治体が都市部の人口集中地域で、少子化対策として乳幼児保育に重点を置いて取り組んでいるとします。すると出題者は、少子化対策と高齢化を関連づけて解答してほしいと考えるでしょう。

一方で、若年層の流出を問題としている過疎化が進む農漁村地域であれば、若者の職の確保や地域の魅力向上など産業や地域振興と高齢化を関連づけることが望まれるでしょう。

試験論文の課題には、必ず「出題者の意図」が隠されていると思って、課題について、**出題者の立場**から解答の**方向性**を考えることが重要です。

2 当事者意識をもって

試験論文で出題される問題が、所属自治体を取りまく問題であるならば、解答も当該自治体の職員として、**当事者意識をもって書かなければ**なりません。

試験論文でよくあるタイプが、課題に対する知識を披露し、対策は「こうあるべきである。」と述べるものです。これは、いわゆる「**べき論**」であって、**評論家や傍観者の立場**からの論述に過ぎません。

昇任選考のための論文なのですから、所属自治体の職員として、**自分**が、出題された課題・問題点にどう**臨み**、どうやって**克服・解決**していくのかという取り組み**姿勢**、どう**行動**するのかという当事者意識が必要です。昇任選考では、受験者がこれから就く**職層の職員**としてどんな**活躍**をしてくれるのかが**評価の対象**であり、単なる知識や理論、理想論が求められているのではありません。

また、文章表現で「～と思う」、「～と考える」と自分の考えを表明することがあります。

例えば、
「地域の子育て機能の充実が重要だと思う。」
「ケアハウスの建設が必要であると考える。」

というような表現からは、当事者意識が希薄に感じられます。
「地域の子育て機能を充実する**必要がある**。」
「ケアハウスの建設が、市民から**求められている**。」
というように、自分が正しいと思う考えを自信をもって**断定的**に表明する方が、当事者意識を**効果的**に表現することができます。

3 意欲と情熱をもって

　試験論文とはいえ論文ですから、自分の考えを冷静かつ論理的に述べることが大切なことは間違いありません。しかし、採点者は同じ自治体の先輩職員だと思ってください。やはり、**意欲と情熱**をもって職務に取り組んでくれる後輩を**期待**しています。
　出題された課題に論理的に応えるだけではなく、もう一歩踏みこんで、自治体職員として地域の問題解決、課題克服に立ち向かっていく意欲が感じられれば、採点者の**好感度**は増します。そのためには、当事者意識とともに、住民のために、**自ら進んで困難にチャレンジする**という情熱をもって考え、論述することが大切です。
　意欲と情熱を論文の随所に表すことは難しいかもしれませんが、論文の**最後**で「私」を出して、選考後に就く職層の職員としての**意気ごみ**を表明するのもよいでしょう。

4 昇任したつもりで

　昇任選考に合格すると、現在の職層より上位の職層に就くことになります。昇任試験の論文では、**昇任後に就任**する主任または係長、課長としての**立場**で、出題された課題に対してどう考え、行動するのかを**述べる**ことが大切です。
　未だ就いた経験のない職層の職員の立場で書くことは難しいかもしれません。しかし、それを勉強してもらうのも昇任試験論文を課す目的の1つです。

職場には上司がいて、日々接しています。自分なりに上司を評価もしているでしょうし、部下から見た**理想の上司像**ももっていることでしょう。論文試験では、自分の描く理想の上司像の立場から論文を書けばよいのです。実際に自分がなれるかどうか自信がないかもしれませんが、**照れずに**、そうなるように日々**努力**すればよいのです。

　一方で、昇任後の**職層以上**の立場から考えを述べてしまうのは、**逆効果**です。例えば、首長でなければできない政治的決断や、主任級の選考で課長級の判断や行動に基づく解答をしても的外れなものになってしまいます。また、法律改正や条例制定などに言及するのは、当事者意識を疑われることにもなりかねませんので、注意が必要です。

5 具体的に

　試験論文では、現状の問題点を指摘し、それに対する解決策を提示して論を進めていきます。問題点や解決策は、実際に**起こっている問題**や自分の**経験してきたこと**など、できるだけ「**具体的に**」示すとよいでしょう。単なる一般論や、あいまいな例示などより、現実に直面している問題や課題、自分の経験した事例を基に問題点などを指摘します。解決策の提示では、事にあたって自分がどう行動するのかを具体的に述べることが**訴求力**を高めます。

　例えば、

「情報の共有化のために係会を開く。」というより、

「情報の共有化のために、係内で**毎朝3分間ミーティングを励行する**。」

とした方が、より具体的な解決策の提示となります。

　実際に実行できるのか自信がなかったり、**既に実施**されていることであってもかまいません。指摘した問題点や課題に対して、具体的な行動としてこうすることが問題解決や課題克服に必要なのだと主張すればよいのです。

しかし、経験に基づいた具体的な記述とはいえ、解答者個人が特定できたり、**特定の個人や組織を非難、賞賛**するようなことは**避けるべき**です。採点者は、解答者が所属する自治体の職員であることもあり、実情をより詳しく把握しているかもしれません。仮に解答者の指摘が**事実と異なっていたり、未確定**の段階であった場合には、論述されたことが**誤り**であるとか、**的はずれ**であるとみなされかねません。
　具体的にというのは、どのような行動をするのかということであり、特定の個人や組織を具体的に指摘するということではありません。

6 説明しない
　試験論文では、解答者の**知識**についても**評価**されます。だからといって、社会情勢や施策についてのこと細かな**解説**や、言葉の**定義**をくどくどと述べるのは**逆効果**です。
　試験論文で大切なのは、読み手の**レベルに合わせた**用語、表現を用いることです。採点者は、同じ自治体の職員や委託を受けて採点している専門家であり、知識も経験も十分にあります。採点者に、「そんなことは説明されなくてもわかっている」との印象を与えないような**配慮**も必要です。
　かといって、まったく説明してはいけないのかというと、そういうことでもありません。説明すべきなのは、知識の披露よりはむしろ、自分がどんな**問題意識**をもって現実を捉えているのか、昇任後にどのように取り組んで解決していくのかという具体的な**行動**についてです。これは、説明というよりは、自らの考えと行動を論文の中で**表明**するということです。
　採点者は、解答者が表明した意見や意志について主張の妥当性や解決へ向けた行動への期待を見出だすことにより評価をしているのです。

7 非難しない

　試験論文で問題点を指摘するときには、注意が必要です。とくに、過去から現在に至るまでの自治体がとってきた政策や職員の態度などを、「**過度に非難**」することは**避けるべき**です。現状に問題点や課題があることは事実でしょうけれど、これまで**悪いことをしてきた**わけでも、**手をこまぬいて何もしてこなかった**わけでもありません。

　採点者も同じ自治体の職員であり、これまで実施されてきた施策に関わってきた先輩職員や知見を有する専門家です。過去の自治体の政策を悪政、怠慢、無能であると決めつけ、これからはこう改めなければならないなどと述べるのは、逆に**無責任な決めつけ**と評価されかねません。過去、現在の**行政批判**は、自分を含めて諸先輩の努力にもかかわらず、まだ**至らない部分**があるという**謙虚**な姿勢で指摘する**配慮**が欠かせません。

　批判や反省は、実態や原因をよく調べ、これまでの対応を評価した上で、未だ**未解決の部分**があるなどとの**ソフトな表現**を心がけるようにしましょう。

ステップ4

フォーマット(型)
から入る試験論文

試験論文のフォーマット
合格論文の基本フォーマット

ステップ 4 フォーマット（型）から入る試験論文
試験論文のフォーマット（型）　5つのポイント

　試験論文は、出題された問題、課題に対する考えを文章で表明するものです。ですから、表明の仕方は、人それぞれ、いろいろな形があってよいはずです。しかし、実際には制限された文字数と時間の中で自分の意見を表明するのはなかなか大変なことです。読み手（採点者）に自分の考えを伝えるためには、制限文字数の中で、効率的に論理を展開しなければなりません。

　また、受験者にとって、試験勉強のために割ける時間も、多くはありません。ましてや試験に択一式などの他の科目が一緒に課されるとすればそちらの勉強もしなければならず、効率的に時間をやりくりして、効果的に勉強をする必要があります。

　択一式試験と対比すると、**論文試験**は、定まった「正解」のない試験といってよいでしょう。出題された課題への解答者の考えや、合格後に昇任して就く職層での取り組み姿勢、意気ごみまでもが評価の対象となるからです。

　これらを論文の中に表現するためには、知識だけではなく、相当の**勉強と思索**が必要となります。論文試験では、むしろこの勉強や思索の過程が解答である論文に現れてくるものです。

　論文試験では、日頃、自治体職員として**問題意識**をもって物事を考え、行動しているかが評価されます。受験者すべてが、十分な問題意識をもっているとはいえないでしょう。そのためにも、試験をきっかけに問題意識をもって考えてみることが必要となるのです。

　とすると、論文試験のための勉強というのは、論文そのものを勉強するよりは、むしろ出題される課題である「自治体が取り組むべき課題」について勉強することであるということになります。普段から自治体関係の課題について興味をもって勉強している方も中にはいらっしゃるでしょうけれど、多くはないでしょう。昇任試験を**人材育成**の機会と捉えている自治

ステップ4　フォーマット(型)から入る試験論文
試験論文のフォーマット(型)　5つのポイント

体としては、これを機に職員に自分達が取り組むべき課題について勉強してほしいと望んでいます。

　昇任試験論文の勉強にあたっては、「**何を**」書くかということと、「**どう**」書くかということの2つを学ばなければなりません。「何を」というのは、論文で書く「**内容**」のことであり、「どう」というのは論文を書く「**方法**」のことです。この2つのことを混同して勉強を始めると、なかなかよい論文が書けずに**苦労**することになります。

　論文試験で評価されるのは、自治体が取り組むべき課題に対して、受験者がどのように考え、行動するかということです。内容と方法のどちらに力点を置いて勉強すればよいのかといえば、論文の書き方を学ぶことより、むしろ課題について調べたり、考えたりすることです。しかし、昇任試験は、自治体職員としての通過点に過ぎませんから、なるべく効率的に負担少なくクリアしていくに越したことはありません。

　論文をどう書くかの**方法論**の勉強は、**最少のエネルギー**で済ませ、自治体職員としての問題意識をもって、さまざまな課題についてもう一度勉強し直してみることにこそエネルギーを注ぐべきでしょう。試験論文の書き方を学ぶとき、まず「カタチ」＝フォーマット（型）を理解して、そこに自分の考えをあてはめて表現するというのが最も**効率的**な方法です。論文のカタチという「鋳型」に、自分の問題意識や考え、行動、熱意を「**鋳込む**」つもりで書くのです。

1 試験論文の構成

　論文の形式は、本来は自由といってよいでしょう。しかし、誰もが小説家のような才能をもって自分の考えを文章で表現できるわけではありません。論文は、**構成**によって**読みやすさ**や**説得力**が増し、書き手（受験者）の考えを読み手（採点者）に効果的に伝えることができるようになります。

　論文の構成には、内容的な構成と、形式的な構成があります。**内容的**

構成は、論文で主張する**内容**をどのような**事項**（論点）にするのか、それをいかなる結論に向けて**結びつけて**いくのかを整理していきます。**形式的構成**は、整理された**内容**（論点）を、どのように**組み合わせ**、どんな**順番**で述べていくのかを組み立てます。

まずは、論文の形式的構成を理解し、内容的構成をそれにあてはめていくという方法が、試験論文の**学習方法**としては**効率的**です。

2 起承転結・序破急
論文の**形式的構成**は、よく「**起承転結**」や「**序破急**」など、漢詩や伝統芸能の構成方法を模して説明されます。

「起承転結」は、漢詩における絶句の構成の名称です。
起句：詩思を提起 ——— 詩を語り起こす
承句：起句を承け ——— 起句の内容を広げる
転句：詩意を一転 ——— 発想の転換を図る
結句：全詩意を総合 ——— 詩全体をまとめる

「序破急」は、能や伝統邦楽、人形浄瑠璃などの脚本構成上の区分です。
序：序幕 ——— 導入部 ——— 初めの状態を示す
破：中心 ——— 展開部 ——— 前の状態を変更する
急：終結 ——— 終結部 ——— 全体を統合する

序破急は、演劇や音楽、舞台空間など感情や速度、時間、空間など複雑な応用があります。また起承転結も、一貫した論理展開を重視する論文より、話の流れを一転させるような小説やエッセーなどに向いた構成だともいわれます。

どちらも、伝統的な構成方法として参考にする程度と理解しておいて

44

ステップ4　フォーマット（型）から入る試験論文
試験論文のフォーマット（型）　5つのポイント

よいのですが、4段、3段の構成は読み手に「座りがよい」と感じさせる構成です。座りがよいというのは、論理の展開で、問題、課題の設定から、それにどのように対処するのかの**提案**、提案を実施することによりどのような状態になっていくのかという**経過**がきちんと**読みとれる**展開であるということです。

　試験論文における論理の展開に、古くから伝えられるこれらの形式を**応用**していくことで、読み手を**納得させる論文**としていくことができます。

3 4段構成・3段構成
　起承転結と序破急の構成方法を昇任論文のフォーマットに応用すると、次のような4段構成、3段構成となります。

4段構成
　起：導入部　―――　背景や問題意識の表明
　承：展開部1　―――　導入部を受けて問題提起
　転：展開部2　―――　話を転じて問題解決の方策を提示
　結：終結部　―――　全体をまとめて結論

3段構成
　序：導入部　―――　背景や問題意識の表明
　破：展開部　―――　問題提起と解決策の提示
　急：終結部　―――　全体をまとめて結論

　4段構成は、起承転結の流れに沿って、4つのパートに分けて論理を展開します。まず「起」の**導入部**で、設問の問題点、課題についての**背景**や書き手のもっている**問題意識**、その問題意識から課題への対応、解決へ向けた**方向性**を示します。次に「承」の**展開部1**として、**問題点**や

課題を具体的に提起していきます。続く「転」の**展開部２**では、展開部１で提起した問題点や課題に対するそれぞれの**解決策、対応策**を提示します。最後に「結」の**終結部**で、解決策を実施して**実現**できる問題解決された**状態**を示し、書き手（解答者）がそのためにどのような態度で臨もうとするのか、**意志**を**表明**して結論とします。

３段構成は、序破急の流れに沿って、３つのパートに分けて論理を展開します。「序」の**導入部**では、４段構成と同様に主題についての**背景、問題意識、解決**へ向けた**方向性**を提示します。続いて、「破」の部分を**展開部**として、設問に関する**問題点、課題**を提起して、それへの具体的**解決策、対応策**を提示します。最後の「急」は**終結部**で、４段構成と同じように問題解決された後の**状態**を示し、書き手の取り組み**姿勢、意気**ごみを表明して結論とします。

形の上では、**３段構成**は、４段構成の**展開部１と２**、つまり承と転の部分を**一括**して、**問題の提起と解決策の提示**の両方をすることになります。このことから、３段構成は、４段構成の**簡略版**、あるいは問題点、課題と、その解決策を直接対応させる**ダイレクト版**ということができます。

4 章立て

論文では、いくつかの論点を組み合わせて結論に向けて論理展開をしていきます。そのとき、各論点は、**階層的な構造**をもって構成されるのが普通です。

ボリュームの大きな論文では、編、章、節、款といった階層構造をとりますが、試験論文のボリュームではこのような深い階層は不要です。これまで述べてきた構成の段を「章」として、その下に「節」を置き、節の中は文章の「段落」とする程度の３段階の構成で十分でしょう。

ステップ4　フォーマット(型)から入る試験論文
試験論文のフォーマット(型)　5つのポイント

章 － 節 － 段落の階層構造

第1章	第一節	段落1
		段落2
		段落3
	第二節	段落1
		段落2
		段落3
⋮	⋮	⋮

　先の4段、3段構成の階層構造を章立てにすると、試験論文の**形式的構成**の基本フォーマットになります。

4章立ての基本フォーマット
　第1章　──　導入部　───　背景と問題意識
　第2章　──　展開部1　──　問題点の指摘
　第3章　──　展開部2　──　問題解決の方策を提示
　第4章　──　終結部　───　まとめと意志表明

3章立ての基本フォーマット
　第1章　──　導入部　───　背景と問題意識
　第2章　──　展開部　───　問題点の指摘と解決策の提示
　第3章　──　終結部　───　まとめと意志表明

　試験論文では、**時間**と**文字数**に一定の**制限**が設けられています。
　多くの試験論文では、1～2時間程度の間に、800～2,000文字程度の文字数で論文を書くことが課されます。受験者は、その制約の中で、自分の問題意識や考え、課題への取り組み、論理性や表現力を訴求することになります。
　中でも重要な評価項目である**論理性**を訴えるためには、論文の**構成**を

47

どうするかということが**重要**になります。論理展開と試験論文の制限文字数の関係から考えても、4章立て、3章立ての構成をとるのが効率的かつ効果的です。

5 試験区分と章立て

自治体の昇任試験は多くの場合、主任、係長、課長と3段階くらいの職層に応じて課されています。各区分の試験論文での文字数制限に、何章立てが向いているのかは次のようになります。

主任試験	800～1,000文字	<u>3章立て</u>
係長試験	1,200～1,500文字	<u>3章立て</u>
課長試験	1,800～2,000文字	<u>4章立て</u>

課長（管理職）試験では、**2,000文字程度**の文字数がありますので、4章立てとして、**論理展開に重点**を置くことができます。特に、第2章に問題の提起、それに応じた解決策の提示を第3章として分離し、相互に対比させることで論理の展開を強く訴えることができます。

1,000～1,200文字前後の主任、係長試験では、文字数が限られるため、なるべく**効率的に論理展開**する必要があります。4章立ての第2章と第3章を1つにまとめて、問題点の指摘と解決策を直接結びつけて論述する3章立てが向いています。

両者の間の**1,500～1,800文字**の論文では、3章立て、4章立てのどちらでも書くことがきます。**論理展開に重心**を置いて、論述する内容（事項）を簡明にしていくのか、その逆に論述する**内容を濃くして、論理展開は必要十分だけ**にするのかによって**選択が可能**です。

4章構成、3章構成のどちらにするのかは、論文を勉強する段階で**決めておく**ことにします。設問によって変えたり、気分によってどちらかを選択することにすると、フォーマットを決めて論文を勉強するというメリットがなくなってしまいます。

ステップ4 フォーマット(型)から入る試験論文
合格論文の基本フォーマット　7つのポイント

　いわゆる「**合格論文**」というものがあります。昇任試験論文で、採点者が各評価項目を判定して、合格基準に達しているという論文です。実際の試験での論文は提出されてしまっているので外には出てくることはありませんが、合格者が論文を再現して書いたものや、勉強中に書いた論文で、添削指導を受けた指導者に**合格レベル**に達したと評価された論文が「**合格論文**」です。合格論文は、論文の書き方などの**指導書**に**見本論文**として数多く取り上げられていますから、誰でも**参考**にすることができます。

　中には、合格論文を丸暗記すればよいとか、よいところをつまみ食いのように集めて論文を作れば大丈夫と思っている方もいるかもしれません。しかし、それでいざ本番の試験で出題された設問に即応した論文を書くことができるでしょうか。

　合格論文から**学ぶべき**なのは、内容ではなく、**論文の「型」**＝フォーマットなのです。

1 基本フォーマットの抽出

　合格論文をいくつか集めたら、まずその**論文を分析**することから始めます。いくつかの合格論文をじっくりと**観察**すると、**基本的な構成**がよく似ていることに気がつきます。

　①**章**立てになっている（大項目）
　②**節**ごとに論点を分けている（中項目）
　③**段落**単位に論述事項を分けている（小項目）
　④章、節、段落のボリュームが一定している

　中には、独特の構成をもった論文もありますが、多くの場合は、同じような形式をとっています。この「**章**」、「**節**」、「**段落**」という**階層構造**が合格論文の基本的なフォーマットです。このような階層の形をとることにより、より大きな括りから小さな括りへと順次、**論理を展開**してい

るのです。

図1　章・節・段落の構造

章	節	段落
大項目	中項目	小項目

2 4章立て論文のフォーマット

　4章立ての論文は、序論、本論1、本論2、結論の4つの部分（大項目）から構成されています。

図2　4章立て論文の標準的フォーマット

	内　容	4章立て
序　論	設問に対する認識 問題意識 方向性の示唆	第1章
本論1	3点の ― 現状や/問題点/課　題	第2章
本論2	本論1に対応した3点の ― 解決策	第3章
結　論	まとめ 将来展望 決意表明	第4章

　「**序論**」は、単なる導入部ではなく、設問の問題点、課題に対して解答者がどのような**認識**や**問題意識**をもっているのかを明確に表明する重要な部分です。
　「**本論1**」は、設問に関する**現状**や**問題点・課題**を2～4点**具体的**に指摘します。
　一般的には3つの**論点**を指摘すると過不足なく座りがよくなります。
　「**本論2**」は、本論1で指摘した現状や問題点、課題に対する**解決策**、

対応策をそれぞれの論点ごとに対応させて提示します。
　本論1の第一の問題点に対しての解決策を本論2の第一の論点としてというように、それぞれに**対応**させると**論理的関係**がはっきりします。
　「**結論**」は、論理的展開から当然に帰結するようないわゆる結論ではなく、**解答者**がどのような**姿勢**で出題された課題に対して**対応**、行動していくのかというまとめの部分です。
　4章立て論文の全体構成を俯瞰すると図3（52ページ）のような構成になります。

3 第1章の基本フォーマット

　4章立て論文の基本フォーマットから、各章（大項目）ごとに実際に論文例を1文ずつ読みながら、フォーマットを抽出してみましょう。
　第1章は、設問に関しての**背景**や**現状認識**、**問題意識**と**解決の方向性**を示します。
　具体的に論文例を使って説明します。

《論文例》

設　問：係の活性化と係長の役割

1　組織の活性化で高い市民満足を
　①今、市政を取りまく社会経済情勢は大きく変化している。①'国では、長期にわたるデフレ経済からの脱却を目指した政策が展開されているが、市民の実感にまでは届いていない。
　②猛スピードで進行する少子高齢化、社会生活の変革を迫るICT技術の進展、市民の求める安心・安全な環境の実現等々課題は山積している。②'一方、市財政の非常に厳しい状態に変わりはなく、複雑化する市民要望に十分に応えきれていない状況である。
　③こうした中、市民満足度の高い地域社会を実現するためには、事業執行や

図3　4章立て論文の基本フォーマット

大項目	中項目		小項目
第1章	背　景 現状認識 問題意識 解決の方向性・自分なりのテーマ		
第2章	現状や 問題点 課　題	論点第一	事項1－1
			事項1－2
			事項1－3
		論点第二	事項2－1
			事項2－2
			事項2－3
		論点第三	事項3－1
			事項3－2
			事項3－3
第3章	解　決　策	論点第一	事項1－1
			事項1－2
			事項1－3
		論点第二	事項2－1
			事項2－2
			事項2－3
		論点第三	事項3－1
			事項3－2
			事項3－3
第4章	問題解決の前提条件 将来展望 自らの決意表明		

政策立案の核となる係組織を活性化し、④職員の能力を総合して組織力を発揮することが必要不可欠である。

　　　　　　　　　　　　　　：

◎見出し
「1」として最初の第1章であることを示します。設問に合わせた「組織の活性化」について論じることを前面に打ち出し、目標として「市民満足」を初めから掲げています。
◎背景
社会経済情勢や自治体の置かれている状況を述べます。①①'は、社会経済情勢の変化を比較的大きな視野から述べています。
◎現状認識
自治体の抱えている課題を設問に関連して示します。②は、自治体の抱えている課題を具体的に指摘しています。②'は、制約条件として自治体の財政事情を指摘しています。
◎問題意識
設問をどのように把握しているかを述べます。③は、設問の「係の活性化」が、「市民満足度の高い地域社会を実現する」ために必要だという問題意識を述べています。
◎解決の方向性
設問に対する問題意識からどのような解決策を提示するのか、方向性を提示します。④では、「組織力」を発揮することが問題解決の方向性として示されています。

❹第2章の基本フォーマット

第2章は、設問に応じた**現状や問題点・課題を3つの論点（中項目）**から指摘します。ただし、問題点を指摘するのですから、これまでに自

治体の先輩方の行ってきた努力に対しての配慮が必要です。
　例として、第2章の初めの導入部と論点第一の部分を示しますが、続く論点第二、第三も同様の構成になります。

《論文例》

2　沈滞した組織の問題点
　⑤市は、これまでも組織の活性化を図るべくさまざまな努力をしてきたが、一部には沈滞した係も見受けられ、課題も残っている。
　⑥第一に、職員が個々ばらばらに職務に取り組んでいることである。
　⑦職員が自分だけの判断で、係全体の到達目標や進捗状況を意識せずに仕事をしている場合がある。⑦'たとえ個々の係員が、担当事務事業に責任をもって取り組んだとしても、組織としての力を発揮することには結びつかない。
　　　　　　　　　　　　　　　⋮

◎**見出し**
　「2」と第2章であることを示し、見出しを「沈滞した組織の問題点」として第1章で提示した解決の方向性に対応して、第2章全体で指摘する現状、問題点・課題について短い文で示します。

◎**導入**
　⑤設問に即して、市がこれまでも「組織の活性化を図る」努力をしてきたと先輩への配慮を示し、それにもかかわらず「沈滞した係も見受けられる」と未だ課題が残っていることを指摘しています。

◎**論点第一**
　現状や問題点・課題を具体的に指摘します。具体例を基に2〜3点の事項（小項目）を挙げますが、第1章で述べた問題意識と解決の方向性に合致するように意識しながら述べていきます。
　⑥「第一に、」と論点に移ることを端的に示し、「ばらばらに職務に取り組んで」いると具体的な問題点を小見出しで明示しています。⑦具体

ステップ4　フォーマット(型)から入る試験論文
合格論文の基本フォーマット　7つのポイント

的な事例を示しますが、揶揄や攻撃にならないように「場合がある」と配慮しながら指摘しています。⑦'問題点の指摘には、「組織としての力を発揮することには結びつかない」と問題意識と解決の方向性を意識的に関連づけて指摘しています。

5 第3章の基本フォーマット

　第3章は、第2章の問題点の各論点に対応する3つの解決策（中項目）を提示します。論点第一の部分を示しますが、論点第二、第三も同様です。

《論文例》

3　係の活性化で総合力を発揮する
　⑧全係員が力を合わせて自ら課題に取り組む活力に満ちた係組織をつくるために、係長は次の三点に重点的に取り組まなければならない。
　⑨第一に、組織目標の明確化と共有である。
　⑩係長は、まず係全体の事務事業の達成目標を明確に提示し、係員全員が共通の目標に向かって職務遂行できる態勢をつくる。その上で、一人ひとりの係員が達成すべき目標にまで分解して個人目標を設定する。
　⑩'目標の達成状況は、日頃から係会等の場で係員相互で確認しあう。常に組織目標が係員に浸透するよう努めるとともに、個々の職員の目標達成状況を確認する必要がある。
　⑪係全体で目標を共有することによって、係内の協力態勢をつくり、係員が一丸となって目標達成に向かう積極果敢な組織とすることが可能となる。
　　　　　　　　　　　　　　　　⋮

◎見出し
　「3」として第3章に移ることを示し、見出しを「活性化で総合力を発揮」として、第1章で示した解決の方向性を意識したキーワードを示

しています。
◎導入
　具体的な解決策の指摘に入る前に第1章で述べた問題意識や解決の方向性を意識した導入の文章を置きます。⑧「全係員が力を合わせて自ら課題に取り組む」と問題意識に結びつけた解決策提示の方向性を示しています。
◎論点第一
　⑨「第一に、」と論点（中項目）を端的に示し、「組織目標」について述べることを小見出しで明示しています。⑩職層にふさわしい具体的解決策として「係長は、」と主体を明示した上で、「態勢をつくる」、「個人目標を設定する」と具体的な行動として解決策を提示しています。⑩'解決策を実施するためのより具体的な行動を「係員相互で確認しあう」、「組織目標が係員に浸透する」、「目標達成状況を確認する」と詳しく示しています。
　⑪解決策を実施することによる「係員が一丸」、「積極果敢な組織とすることが可能となる」とその効果を指摘します。この「効果」の指摘が、第1章で提示した問題意識と関連していることが「論理の一貫性」を印象づけます。

6 第4章の基本フォーマット

　第4章は、問題解決の前提条件や将来への展望などを示した上で、自らの決意表明を行い、所属自治体行政の一員として積極的に行動することをアピールします。

《論文例》

　4　係の活力を組織力へ統合
　　⑫我が市を取りまく環境は、常に大きく動いており、市政は限られた財源と人員をフルに活用して新たな課題に挑まなければならない。

> ⑬私は、係長として係の活性化を図り、職員の能力の総和を超える120％の組織力を発揮させていく。⑭この余力を新たな課題に振り向け、積極果敢に挑戦する係組織を創出する。⑮そのために、自己研鑽に励み、リーダーシップを発揮するとともに、課長を補佐して、活力ある係づくりに邁進する覚悟である。

◎見出し
　「4」として第4章に進むことを示し、見出しを「係の活力」、「組織力」として、第1章で示した解決の方向性が達成され、その上で将来的に効果が発揮されることを示唆しています。
◎問題解決の前提条件
　設問への問題意識に即した問題解決のためのより根本的な条件を指摘しています。
　⑫「限られた財源と人員」の現状を述べながら、それが問題解決への前提条件であることを暗に示しています。
◎将来への展望
　第3章で提示した解決策を実施して問題解決した暁にやってくる将来像を提示します。
　⑬　⑫との関連で、新たな課題に挑むために「能力の総和を超える」「120％の組織力」を発揮させていくと自らの行動を示しています。⑭その結果として「余力を」、「新たな課題」に振り向け、「積極果敢に挑戦」する「係組織を創出」すると、設問に対する解答を提示しています。
◎決意表明
　就任後の職層の職員としてどのような姿勢で職務に取り組んでいくのか決意を示します。
　⑮設問に関連して、「自己研鑽」「リーダーシップを発揮」と昇任後の職務に積極的に取り組む姿勢をアピールしています。
　併せて、係長として「課長の補佐」も重要な職務であることも示しています。最後に「活力ある係づくり」と設問に応えるキーワードを示し、「覚悟である」と意欲を訴えて終わっています。

７ 3章立ての基本フォーマット

3章立ての論文は、4章立ての論文の**応用**といえます。図4に4章立てと3章立ての関係を示します。

図4　3章立て論文の標準的フォーマット

	内　　容	4章立て	3章立て
序　論	設問に対する認識 問題意識 方向性の示唆	第1章	第1章
本論1	3点の　現状や 　　　　問題点 　　　　課題	第2章	第2章
本論2	本論1に 対応した　解決策 3点の	第3章	
結　論	まとめ 将来展望 決意表明	第4章	第3章

3章立ての第1章、第4章は4章立てと基本的に同様の構成となります。

3章立ての場合は、4章立ての**第2章と第3章を一体化**させて第2章とします。第2章の論点第1から第3の各論点ごとに**現状や問題点・課題**の指摘に、それぞれに対する**解決策・対応策**を直接対応させて提示します。現状や問題点、課題についてはボリュームを落として、**解決策・対応策に重点**を置いて論述します。

図5　3章立て論文の基本フォーマット

大項目	中項目	小項目
第1章	背景 現状認識 問題意識 解決の方向性・自分なりのテーマ	
第2章	論点第一	問題点・課題1
		解決策1
	論点第二	問題点・課題2
		解決策2
	論点第三	問題点・課題3
		解決策3
第3章	問題解決の前提条件 将来展望 自らの決意表明	

具体的に論文例を使って説明します。

《論文例》

2　活性化で組織力を発揮する
　⑯職員が自ら課題に取り組む活力に満ちた係組織をつくるために、係長は次の3点に重点的に取り組まなければならない。
　⑰第一に、組織目標の明確化と共有である。
　⑱職員が担当職務についてのみに関心をもち、個々ばらばらに仕事をしていたのでは組織としての力を発揮することはできない。
　⑲係長は、まず係全体の事務事業の達成目標を明確に提示し、係員全員が共通の目標に向かって職務を遂行できる態勢をつくる。その上で、一人ひとりの係員が達成すべき目標にまで分解して各人の個人目標を設定する。
　⑲'目標の達成状況は、日頃から係会等の場で係員相互で確認しあう。常に

> 組織目標が係員に浸透するよう努めるとともに、個々の職員の目標達成状況を確認しあう必要がある。
> 　⑳係全体で目標を共有することによって、係内の協力態勢をつくり、係員が全員一丸となって目標達成に向かう積極果敢な組織とすることが可能となる。
> 　㉑第二に、…
> 　　　　　　　　　⋮

◎解決策へ向けての導入

　４章立てと同様に、具体的な解決策の提示に入る前に、問題意識や解決の方向性を意識した導入の文章を置きます。

　⑯４章立ての⑧と同様で、解決の方向性に即した導入とします。

◎論点第一

　⑰「第一に、」と論点に入ることを端的に示し、「組織目標」について述べることを小見出しで明示しています。

◎問題点の指摘

　次に、第一番目の論点（中項目）についての具体的な課題や問題点について端的に示します。

　⑱現状や問題点・課題を４章立てに比べて簡潔に指摘しています。

◎解決策の提示

　続いて、この問題点・課題についての解決策を具体的な行動とともに提示します。

　⑲と⑲'は、４章立ての⑩と⑩'に同じく、解決策を具体的な行動とともに提示しています。

◎効果の提示

　併せて、行動の結果得られる「効果」についても述べます。

　⑳は、４章立ての⑪と同様に「効果」について述べています。

◎論点第二

　㉑論点第一に続いて新たな論点（中項目）に移ります。

ステップ4　フォーマット(型)から入る試験論文
合格論文の基本フォーマット　7つのポイント

　このように「問題点の指摘→解決策の提示」をワンセットにして、2〜3つの事項（小項目）について、2〜3セットの事項で論点第一を構成します。論点第二、第三についても同様に述べていきます。

ステップ5

P&F式
論点発想・論文構成法
論点発想テクニック
論点構成テクニック

ステップ5　P&F式　論点発想・論文構成法
論点発想テクニック　7つのポイント

　昇任試験論文では、まず第一段階として、自治体が取り組む課題などについての情報を収集します。収集した資料などを読むことにより解決策について研究し、論文で取り上げる「論点」として明確に理解して自分のものとしていきます。その上で、自分で考えた「論点」を手際よく整理して、「論文」として仕上げます。

　試験では、出題された「問題」、「課題」に対する答えを、論文として何をいかに書くのかを**自分で考え出さなければなりません**。問題、課題についてよく考え、自分なりに理解し、問題点を指摘して、解決策を提示するというのが試験論文の基本フォーマットです。

　しかし、このフォーマットに従うにしても「**何を**」書くのかということに迷うのが受験者の常です。この「何を」というのは、論文の**内容**であり、論文における自分の**主張**する意見である「**論点**」です。

　論点は、自分で論文を考え、書くための**材料＝ネタ**でもあります。論文試験の勉強では、まずは、この論点について事前に調査・研究して材料を増やし、**頭の中の引出しに蓄える**ことから始めます。

　次に、論点についていくつかの「**発想法**」などの**手法**を使って、材料について考えながら、自分なりの主張や問題解決の方法論を導き出します。この過程こそが、論文の勉強というものであり、これまで解説してきた**フォーマット**や、これから解説する**テクニック**は、論文を効率的に書く、仕上げるための**道具**に過ぎません。

　試験論文の学習で最も**力**を入れるべきなのは、この**論点を発想**するという作業であり、それを繰り返すことが、訓練となります。訓練の結果として本番の試験においても、出題された課題に対して、頭の中の引出しから材料を素早く取り出して整理し、論文へと**組み立て**ていくことができるようになるのです。

　まずは**第1段階**として、論点を明確にするための方法を理解します。そ

ステップ5　P&F式　論点発想・論文構成法
論点発想テクニック　7つのポイント

のための方法が「論点発想」です。

　論点は、課題に関するさまざまな情報を、いくつかのテクニックを使って整理すると明確に意識され、記憶することができます。**論点は、日頃から自治体が取り組むべき課題について、問題意識をもって考えていれば**、その課題にある、あるいは潜む問題点、それに対する解決策とともに気がつくはずです。また、**過去に出題された論文試験の設問（過去問）を研究**することも効率的に論点を抽出するのに役立ちます。

　しかし、実際に勉強してきて、論文を書くための材料は集まった、自治体が取り組む課題についても勉強した、論文の型（フォーマット）も理解したとしても、いざ論文を書き始めてみると、何をどう書いていけばよいのだろうと、書き始めの段階で悩んでしまうものです。

　次の段階は、自分自身の考えを自分自身の言葉で表現する段階になります。論文の材料である「論点」を論文の形にまでまとめ上げていくのが、**「論文構成」**という手法です。試験論文の勉強段階では、設問を想定して、それに対する解答論文を書く練習をします。

　論文という形に文章をまとめていくためにもいくつかのテクニックとフォーマットがあります。まずは、「論点」という自分なりに考え出した材料を目に**見える**形で紙や付箋紙の上に書き出していきます。それらの材料の全体を**見渡**して、相互の関係などを考えながら、論点同士を**結びつけ**て、論文へと**組み立て**ていく方法が論文構成の**手法**です。

　論文へと組み立てていく中でも、いくつかの重要なポイント、テクニックがあります。これらのポイントに注意しながら論文を組み立てると、効率よく論文の形へと思考をまとめていくことができます。

　ポイントに注意しながら、設問に対する問題意識や論点を、論文の**「型」**にあてはめて整理していくという**作業**を重ねることにより、論文を書く訓**練**ができます。本番の試験においては、この訓練で得た経験こそが解答論文を作り出す基となります。

　逆に論文の**「型」**を使って、問題意識や論点を**発想**していくという**応用**もできます。また、試験会場で想定していなかった設問が出題されて焦っ

> たとき、論文の「型」を使って自分なりの問題意識や論点を発想していくという裏ワザとしても使うことができます。
> 　もちろん、発想するためには、これまでに資料集めや勉強をして頭の中に発想するための材料が詰まっていることが前提となります。常日頃から問題意識をもって、広報紙や庁内報、ホームページや新聞・雑誌記事などに接することで、発想の材料が頭の中の引出しに詰まっていきます。
> 　論文試験の勉強の最大の山場である「論点発想」と「論文構成」の方法（テクニック）を学んで、自分のものとしていき、できるだけ多くの自作の論文を書く練習、訓練をしてください。

　これまで、論文のフォーマットという論文の鋳型ともいうべき器について検討してきました。次は、この鋳型に流しこむ「**内容**」である「**論点**」を**勉強**し、自分なりの**考え**としてまとめていくための**方法**を考えてみましょう。

　昇任試験の論文科目では、例えば「少子高齢化」や「防災対策」、「事務の効率的執行」や「人材育成」などの自治体が取り組むべき課題について出題されます。何の準備もせずに、試験会場で出題された設問を見て、たちまちのうちに考えを整理して論文に書き上げるというのはまず不可能でしょう。

　当然、出題されそうな**設問**を事前に**想定**して、それに対する自分なりの考えを十分に整理しておくという「**勉強**」が必要になります。

1 課題の研究

　まず必要になるのが、「**課題の研究**」です。論文試験で過去に出題された**設問**（過去問）を集め、**分類**します。

　大きく**行政課題**と**内部管理課題**に分類できます。それぞれの分類の中から、個別の課題に分類していきます。例えば、行政課題ものは、「少子高齢化」、「防災対策」、「自治体経営」などなどです。

　実際に出題されるときは、「人口構成の変化と市政について」のよう

ステップ5　P&F式　論点発想・論文構成法
論点発想テクニック　7つのポイント

な課題そのものについての分析（34ページ参照）をする必要のある設問になることがあります。しかし、これは「少子高齢化」と分類するなど、大まかに類型化するように工夫します。

内部管理課題は、「事務の効率的執行」、「人材育成」、「職場の活性化」などなどです。「社会経済環境の変化と市政運営」のような自らテーマを設定するタイプでは、設問を**独自**に**判断**して「事務の効率的執行」に分類するなど、過去問そのものの**分析**が必要になります。

また、論文試験の参考書にも多くの出題例が載っていますので、それを自分なりに分類して整理してみてもよいでしょう。以下に行政課題、内部管理課題の例を示しますので、参考にしてください。

◎行政課題の例
・少子高齢化社会への対応
・人口減少への対応
・地域への定住促進
・住民参加の促進
・地域の活性化と行政運営
・防災能力の向上
・住民の安心・安全と行政運営
・地域住民の力と行政運営
・住みよいまちづくりと自治体行政
・地域における子供の教育
・地球環境問題と自治体行政
・国際化の進展と自治体行政
・個人情報保護と行政運営
・自主財源の確保と自治体経営
・自治体間の協力と自治体経営

◎内部管理課題の例
・組織の活性化と係長の役割
・活力ある職場づくり
・仕事の効率化と係長の役割
・事務改善と主任の役割
・業務改善の進め方
・職場のコミュニケーションの改善策
・職員のモチベーション向上について
・信頼される行政と課長の役割
・職場の人事管理と課長の役割
・情報管理と管理職の役割
・ワークライフバランスと課長の役割
・職場のメンタルヘルスについて
・人材育成と係長の役割
・専門職員と職場研修について
・業務ノウハウの継承と係長の役割

2 論点の研究

　課題の分類ができると、その課題についての問題点や解決策を考えるための「**論点の研究**」をします。例えば、「事務の効率的執行」の課題では、「職員のコスト意識」、「最少の経費で最大の効果を挙げる」、「事務事業評価と優先順位」、「スクラップ・アンド・ビルド」、「NPOやPFIなど民間活力の活用」などなど多くの論点が思い浮かびます。これらの論点について、日ごろから**情報収集**と内容の**理解**と**研究**をしておきます。

　試験論文において自分の考えを述べなければならないという**意識**をもって、新聞・雑誌や広報紙・ホームページなどを読み、必要なことを**メモやスクラップ**にしておきます。論文試験の**参考書**や**過去問**、**合格論文**や習作論文の作例などを**分析**して**論点**を洗い出しておくことも効率的な論点の研究になります。

　こうして論文で述べる論点を研究するときには、「**問題点と解決策**」、「**課題と対応策**」をきちんと**対応**させて**考えて**おくことが大切です。新聞、雑誌の記事や参考書の記述をそのまま憶えたり、鵜呑みにするのではなく、**自分の意見**として**消化**しておかなければなりません。そうしなければ、本番の試験で論点として的確に指摘し、自分の意見として論文を組み立てていくことはできません。

　また、論点を考えるときには、**独断と偏見を避け**、**事実を客観的に評価**する必要があります。論文試験での採点者は、同じ自治体に所属している先輩職員であると意識することが大切です。

　採点者は、書かれている論点が、事実であるのか、勝手な思いこみや、偏った判断に基づいていないかに注視して採点にあたっています。事実を客観的に評価することを心がけておくことが、試験論文を書くときにも必要になります。

　一方、論文で提示する解決策は、必ずしも独創的である必要はありません。これまで採られてきた対応策や、施策として実施されてきたものでもよいのです。自分自身が、どのような方策をとり、どう組み合わせ

て実際に問題解決していくのか、課題を克服していくのかについて「**自分なりの考え**」として論述することこそが重要になります。解決策に新規性がなくても、自分自身が**主体的、積極的**に**問題解決、課題克服**へ取り組んでいくという**姿勢**こそが評価されるものと理解してください。

3 １人ブレスト

　ブレストとは、ブレーン・ストーミングの略称で、アメリカの広告代理店の副社長をしていたA・F・オズボーン氏が考案した創造性開発のための技法です。これを応用して、**自分１人で行う**のが、「１人ブレスト」です。

　ブレストは、一般的には複数の人が、次の**４つのルール**に従って意見やアイデアを出しあいます。

　　自由奔放：各人の奔放な発想を大切にし、突飛な意見でもかまわない。
　　批判厳禁：他人の意見を批判したり、否定してはいけない。
　　大量生産：できるだけ多くの意見を出す。量ある中から質のよいものが生まれると考える。
　　便乗歓迎：出てきた意見やアイデアに便乗して、新しい意見を出して、展開させていく。

　ブレストは、複数の人がそれぞれの考えに基づいて自由に意見を発言していきます。１人ブレストでは、それを自分１人で行いますので、少々のコツが必要です。コツの１つとして、１つの課題に対して、**別の角度から見る、考えてみる**という「**異なった視点**」から考えてみることがあります。例えば、「活性化」というキーワードについて１人ブレストの方法で考えてみましょう。

　具体的な思考過程は、119ページにあるように「活性化」という言葉から素直に思いつく活力ややる気、意欲などの言葉を連想します。

　別の視点からの例としては、まず職員個人としての視点から「活性化」を発想すると、人材育成や自発的、自己啓発などのキーワードが連

想されます。別の視点として個人ではなく個々の関係、集団としての視点から見た活性化として、協力や協働、競争、連携などキーワードが思い浮かびます。また別の角度として組織の観点から発想してみると、目標達成や達成感、組織力などのキーワードが浮かんできます。

　この他にもいくつもの視点があると思いますが、**3〜4つの視点**から思いつく、**連想する**キーワードを挙げていきます。このように、視点を次々と変えていくことにより、自分1人で異なった発想からのキーワードを数多く出していくことができます。

　試験論文の勉強段階では、設問に対して考えられる論点を1人ブレストの手法で、なるべく多くのキーワードを出していきます。新聞、雑誌の記事そのものを真似てもよい（便乗歓迎）し、実現できるだろうかと疑問を感じる解決策（自由奔放）でもかまいません。論点についての問題点と解決策をキーワードにして、どんどん書き出していきます。

4 KJ法

　KJ法とは、文化人類学者川喜田二郎氏（東京工業大学名誉教授）が考案した創造的問題解決の技法で、氏の頭文字をとって名づけられました。

　KJ法は、ブレーン・ストーミングなどで出されたアイデアや意見、調査や研究の現場から収集された雑多な情報を**1件1枚**の原則で**カード**に**書き出し**ます。それらのカードの中から**内容や性質**などが**近い**と感じるもの同士を数枚ずつ集めて**グループ化**していきます。それらを小グループから中グループ、大グループへと試行錯誤しながら**分類**、**編成**していきます。こうした作業の中から、課題の解決に役立つ**ヒント**や**ひらめき**を生み出していこうとする手法です。

　試験論文の勉強では、KJ法を厳密に実施する必要はありませんが、1人ブレストで思いついた意見やアイデアの「キーワード」を**付箋紙**（ポスト・イットなど）に書き出して、徐々にグルーピングしながら**試行錯誤**していきます。この試行錯誤の過程の中で、設問に対する**自分な**

ステップ5　P&F式　論点発想・論文構成法
論点発想テクニック　7つのポイント

りの考え方やテーマについて意識しながら思考を進めていきます。

図1　KJ法によるグループ化のイメージ

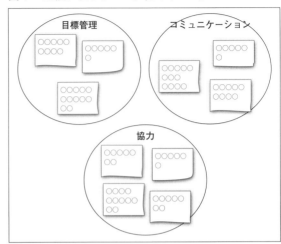

KJ法的な分類整理をすることが、自分なりの考え方に基づいた問題点の**整理**や解決策の**提案**を行えるようになるための練習となります。

また、KJ法的な手法を使う中で、試験論文で必要となる「**自分なりのテーマ**」が何になるのか、何をテーマとして**設定**して問題解決するのかを**意識**していくと、キーワード群を論文に**組み立て**ていく時に役立ちます。つまり、このKJ法でキーワードを整理していく段階から、論文全体の**構成**や完成イメージをもちながら**作業**を進めることにより、より効率的に論文を**仕上げる**ことができることになります。

そのためにも、論文試験の勉強の段階では、想定問題について、資料の収集や情報整理をして、自分の**頭**でさまざまなことを**考える**という**訓練**、**経験**をすることが大切です。この経験や知識は、論文試験だけではなく、**面接**や**口頭試問**、日常の**職務**の中でも自分自身の知見として役立てることができます。

5 取捨選択

試験論文には**文字数**の制限があるので、発想した論点すべてについて

述べることはできません。論点について説明する事実（問題点）や提案（解決策）などの試験論文で取り上げて論点とする事項を**必要最小限の項目数**で的確に**構成**する必要があります。論点発想で得られたキーワードの中から必要なもののみを選び出して、これを「**論点事項**」として論理を展開していきます。

そのためには、1つの論点に対して3つの論点事項を選び出し、これを使って論述してみる練習をするとよいでしょう。論点事項が1つでは、**一例として**問題点や解決策を挙げたというだけで、設問に対しての論理的な説明はできません。2つでは、**説明不足**で一方的な決めつけと感じられてしまいます。3つ取り上げれば、ある程度広い視野をもち、異なった視点や立場から説明がされており、論理的な説明ができていると評価できます。4つ以上となると、視点が**拡散**してしまい、安定した立ち位置から説明されているのか疑問をもたれたりする上、試験論文の**文字数制限**の関係から難しくもなります。

論点も、それを説明する論点事項も、3つというのが座りのよい数であると理解しましょう。**座りがよい**というのは、論理の展開で、問題点や課題の設定から、それにどのように対処するのかという解決策や対応策についての提案が、ある程度広い視野をもち、異なった視点や立場を変えた位置から説明されていると感じることです。

読み手（論文試験では採点者）に、文字数制限のある中で、論理展開や視野の広さをアピールするためには3つの論点に対して、3つずつの論点事項を示して説明することがベストだといえるでしょう。

6 帰納法と演繹法

　帰納法とは、論理学で推論などに使われる方法で、個々の具体的事実から**一般的な命題**ないし**法則**を**導き出す**ことです。KJ法では、まずこの帰納法により、雑多な情報を整理していきます。

　論点発想においても、新聞、雑誌、参考書などから集めた課題に関する「**キーワード**」を**帰納法的**に**整理**していきます。このとき注意するのは、試験論文への解答を考えているという基本的な**目的意識**を忘れないことです。試験論文の学習においては、新しい理論を打ち立てようと研究しているわけではありませんので、深みにはまらないことと、自分がどう行動できるのかを前提にして考えることが重要です。

　まず、付箋紙に書き出された数多くの**キーワード**を、設問に対応して考えられるごく**一般的な観点**から**グループ分け**していきます。問題点や課題のキーワードを整理していくときには、ごく一般的な観点や、今まで経験したことの中からキーワードをまとめていくだけでよいのです。新たな現象や緻密な分析をして問題点、課題を抽出していこうなどと**深みにはまらない**ように注意します。

　また、解決策や対応策をキーワードの中から見つけたり、発想するときにも、まったく新しい方法や斬新な行動を提案する必要はなく、これまでもとられてきたごく普通の方法や行動でよいのです。むしろ、自分が昇任選考に合格して新たに就く職層になって仕事をする中で、実際にこのように**行動する**、**行動できる**という解決策のキーワードを**選択的に整理**するようにしていきます。

　一方、**演繹法**とは、前提された**命題**から、**経験に頼らず**、**論理の規則**に従って**必然的な結論**を導き出す思考の手続きです。

　三段論法はその典型で、有名な三段論法の例として、
　大前提「すべての人間は死ぬ」
　小前提「ソクラテスは人間である」
　結　論「ゆえにソクラテスは死ぬ」

というものはご存知でしょう。

　自分の考えで整理した「論点」を、再度**演繹法的**に理屈が通るのかどうかを確かめてみるという過程です。まず、KJ法的な手法を使ってキーワード群を整理してきて、座りのよい3つのグループに分けたとき、これまでキーワード間の関係性を中心に分類してきた視点から**一度離れて**みます。

　次に、自分自身の視点をより高く、3つのグループ全体を見渡せるような**俯瞰的**な位置に変えてみます。その位置から、グループ間の**関係性**を再度考えてみて、そのグループ分けでよいのか、他のグループ分けの**基準**はないのかを考えます。

　グループ間の関係性が、これでよいということになれば、続いてグループ内の**キーワード同士の関係性**についてもざっと見渡して確認します。それぞれ、論理的な**矛盾**がないか、**理屈が通っている**かという程度の確認でよいので、帰納法的に整理したキーワード群を演繹法的に**再確認**します。

　また、キーワードを整理しているときに行き詰まったり、これでよいのかと悩みが出てきたりしたら、この演繹法的な手法を使って、新たな視点から整理できないか検討してみます。帰納法的整理から出された論点やキーワードを、別の観点からの理屈により、演繹法的につなげてみることで、新たな発想による結論を得ることもできます。

　3つに整理した論点を演繹法的な手法を使って、理屈が通るのかという観点から、並び替えたり、一度捨ててしまったキーワードや論点が使えないかと考えたりしてみることで、行き詰まりを打破したり、よりよい論点を探し出すことができるかもしれません。

　帰納と演繹を繰り返すことにより、論点を絞ったり、広げたりしながら、自分なりの考え方による問題点と解決策を作り出していくことができるようになります。この手法の使い方を身につけると、**新たな発想で**仕事や職場での問題解決にあたっていけるようにもなりますので、論文

試験の中でノウハウを獲得しておいて損はありません。

7 順列・組み合わせ

　3つの論点と、それぞれを構成する3つずつの論点事項は、単純に並べるだけでは、論理的な説明をしたことにはなりません。論点は、「第一に、…」、「第二に、…」、「第三に、…」、と順々に論述していきます。

　「**順列**」とは、異なったものに**順序**をつけて**並べる**ことです。論述する論点、それを構成する論点事項をどのような順番に並べて主張していくのかということです。

　「**組み合わせ**」というのは、**異なったものを合わせて1つのもの**としていくことです。論文では、組み合わせは、さまざま**構成要素**の中から主張しようとする内容をもっともよく表現できる要素を**選び出し**て、それを**一体のもの**として組み合わせることです。

　試験論文においては、問題点・課題と、解決策・対応策の各論点も、それを構成するそれぞれの論点事項も、3つずつのポイントで指摘していきます。

　論点発想の最終段階である「順列・組み合わせ」では、取捨選択した3つの論点をどのように組み立てていくのかを考えます。これは、論文作成の次の段階である「論文構成」へ向けた準備でもあります。論文発想の最後の段階で、次の論文構成への橋渡しをする思考をしておくと、論文構成の作業をスムーズに進めることができます。

　3つの論点をどのような順番で並べていくのか考えるためには**論理展開の方向性**である「**筋書き**」を意識すると取り組みやすくなります。ここでは、例として「係の活性化」という課題についてスジ書きを考えてみましょう。

　職場を活性化させるためにはさまざまな方法があります。いくつものキーワードが発想できると思います。それらたくさんある論点（キーワード）から、3つだけ**取捨選択**したとします。

「能力開発」、「目標設定」、「協力態勢」の3つを選択したとして考えてみましょう。この3つを取捨選択する際には、まずはこの3つの論点をどのように**組み合わせる**のかを大まかに**イメージ**しながら**選択**していきます。次に、論文を**構成**するにあたって、どのような**順番**で論述していくと、**自分なりの考えに沿って主張**ができるのかを考えます。試験論文においては、論理性や表現力を評価されますので、**論理展開**についても十分に配慮して論述する順番を決めていきます。

続いて「順列・組み合わせ」では、この3点を1つの理屈（理由）で**並び順**を決めていきます。このとき重要なのが、指摘する「**順番**」です。論述する順番を**重要性**に従って1、2、3番目とするか、または**緊急性**に従うのか、はたまた**取り組みやすい順**にするのかなど、並べる順番にも**理由（理屈）**が必要です。

まず初めに「小さなものから大きなものへ」という「小→大」の順列で考えてみましょう。小さなものというのを3つの論点で対象としている職員や組織という観点から見てみると、3つの中で一番小さいといえるのが「能力開発」です。なぜかというと、個々人の能力開発と考えるからです。組織を構成する一人ひとりの職員の能力を開発するという意味で個人を対象とするので「小」と考えます。

次にいちばん大きなものはどれでしょうか。それを「目標設定」だと考えます。目標設定は、組織としての係の全体で目標設定してそれを共有する必要があると考えると、もっとも大きなものと考えることができます。

では中くらいのものは何かというと、「協力態勢」といえます。協力態勢は、係の中の職員と職員という個と個の関係であると考えると、中くらいということができます。もっとも小さな個人と、もっとも大きな係（組織）の間の中間の大きさと考えることができるからです。

すると小から大、すなわち小→大の関係で、この3つの論点を順番に論述することで、1つの「スジ」（筋）を通して主張することができま

す。では、そのスジとは、「まず初めに個々の職員の能力を高めていく、次に係内の職員同士の協力態勢を築く、その上で、組織全体の目標設定を行い、全員で目標達成に向けて職務を遂行する」という**ストーリー**となります。

　逆にこの例では、大から小へと「**大→小**」という展開でも考えることができます。大→小のスジ（理屈）では、「まず初めに組織全体の目標を設定し→その目標を職員全員で共有した上で職員同士が協力して達成する→そのためには各職員個々の能力向上が必要である」という流れになります。

　この例では、後段の大→小では、多少違和感を感じるところがありますが、それは人それぞれの考えであり、自分はこう考えて、問題解決、課題克服にあたるという意志の表明ということになります。

　そのため、このスジを「理屈」といっているのです。理屈はどのようにでもつけることができるという意味で、古くからのことわざで「理屈と膏薬はどこへでもつく」といいます。このことわざの意味は、どんなことにも理屈をつけようと思えば、もっともらしい理屈がつくものだというものです。このように、論理展開するための**理屈＝スジ＝ストーリー**をどのようにでも「**順列・組み合わせ**」をすることができてしまうということになります。

　そこで、この理屈の部分が、採点者にとっては、解答者の**論理性**を評価するポイントになってくることになります。論点及び論点事項の「順列・組み合わせ」を考えることは、論理展開の方向性を決めることであり、適切な論理展開であるのか、また一貫した考えに基づく**論理展開**ができるのかを決める重要なポイントであり、評価ポイントとなります。

ステップ5　P&F式　論点発想・論文構成法
論文構成テクニック　7つのポイント

　試験論文では、設問を読み、よく理解してから論文を書き進めます。これまで、論文で取り上げる題材である論点を発想し、整理してきました。
　この論点についての文章を積み重ねていくことで論文を作り上げることができます。この**論文を作り上げる作業**を「**論文構成**」といいます。
　論点を論文の形にしていくときには、以下で述べる**1**から**3**の3つの重要なポイントに注意して考えを進めていく必要があります。
　論文の**勉強**をしている**段階**から、これらの**ポイントを**意識して**練習**することが必要です。
　論文の構成を考えていくために活用できるのが**4**で述べるレジュメです。レジュメは、これを使って論文を書く準備をするだけでなく、論文の**勉強**にも活用することのできる便利な道具（**ツール**）といえます。レジュメを使って論点を論文のカタチに**組み立て**ていく方法を学ぶことにより、より**効率的**に論文を書くことができるようになります。
　また、一度作ったレジュメを**蓄積**することにより、より**効率的**な論文の勉強のツールにもなります。レジュメを使って思考を整理して明確な論文の構成を作り出すことができれば、後は**5**の要領で原稿用紙の上に文章を**書く**という作業に徹することができます。論文の勉強をしているときから、これらのポイントを意識して練習することが大切です。
　6、**7**では、レジュメを論文の勉強に使うためのツールとして活用する方法を解説しています。試験論文の勉強を始める前に、7つのポイントのそれぞれの機能を理解しておけば、より効率的に論文を書けるようになります。その上、**本番試験**においても、この論文構成のテクニックを使うことにより、落ち着いて論文を書き上げることができます。

ステップ5　P&F式　論点発想・論文構成法
論文構成テクニック　7つのポイント

❶出題意図の分析

　論文試験では、設問は所属する自治体に関連する課題や問題点について出題されています。多くの自治体では、所属する職員が試験論文で出題される設問を作成、または作成に関与しています。そうでなくても将来のその自治体の運営や経営を担う人材を選考するのですから、当該自治体に関連した問題や課題について、どう考え、行動するのかが試されます。

　しかし、その自治体の範囲だけの**ローカルな視点**からのみで解答するだけでは不十分といえます。当然のことながら、地域の問題は社会全般、地球規模の**グローバルな社会**と深く関わっています。ローカルな問題を社会全般との関わりの中で捉え、またその逆に社会全般の問題を地域の問題としても考える「**グローカル**」な思考が必要になります。

　例えば、「人口構成の変化」という設問では、出題者からは「高齢化」、「少子化」という2つの大きな社会的変化について読みとることを求められています。併せて、この一見ごく一般的な社会的課題のような表現から、地域の問題を抽出することも求められているのです。都市部の人口集中地域と、過疎化が進む農漁村地域では、提示する論点はまったく異なったものになるでしょう。

　また、より複雑な視点から見ると「人口減少」、「生産年齢人口の減少」、「外国人住民の増加」などなど多くの課題や問題点が読みとれることもあります。逆に、例えば「市民の安全」に関しての設問では、ローカルな思考から「当該市」に居住する市民の安全を中心に考えることも当然求められます。

　一方で、日本全体、地球規模で考えると市民の安全を大きな広がりの中で考えなければなりません。ローカルな発想の中では巨大地震の予想される地域と、毎年のように都市型水害に悩まされている地域とでは、提示する論点が異なるでしょう。現在の市民の関心からすると、よりグローバルに「環境問題」や「食の安全」を論点として挙げる必要がある

かもしれません。

　出題者が、**なぜ今この課題、問題を出題**するのかをよく考えて、設問に**隠**されている「**出題者の意図**」を**見抜**かなければなりません。そのためには、日常からの情報収集とそれを自分の知識として身につける習慣が必要となります。29ページにあるように、庁内報や市報などローカルな情報と、新聞や雑誌などの社会的、世界的視点からの情報を収集しますが、この時重要な**姿勢**があります。

　それは、ローカルな情報も、グローバルな情報も、自分の所属している自治体とその住民への影響を考えながらこれらの情報に接する姿勢です。他人ごとや他地域のことと思わずに、**自らの所属する自治体のこと**として、情報に接し、考えていくことが必要となります。このような**習慣**をつけていくことにより、設問に隠されている出題者の意図を見抜く**力**が備わっていきます。

❷自分なりのテーマの設定

　「自分なりのテーマ」というのは、設問から抽出された問題点や課題を解決、克服するための**解答者個々人のもつ**「**基本的考え方**」ともいうべきものです。基本的考え方は、もちろん人それぞれに異なります。その人のもっている「**問題意識**」といってもよいでしょう。

　試験論文の解答に際しては、設問に対して、どのように考え、何に基づいて解決策や対応策を提案し、どうやってそれを実行していこうとするのかという「**視点**」の設定が重要となります。この問題意識と解決へ向けた視点を明確に意識してテーマを設定できると、論文試験の解答を組み立てやすくなります。

　例えば、「係の活性化」についての設問に、どのような基本的立場をもって取り組んでいくのかを考えてみましょう。ある人は、活性化には人と人との関係が重要だから「コミュニケーション」を主体に解決策を提示しようと考えるかもしれません。またある人は、活性化にはやりが

ステップ5　P&F式　論点発想・論文構成法
論文構成テクニック　7つのポイント

いのある職場環境が必要だから、きちんと職員を「評価」して伸ばす組織態勢が重要だと考えるかもしれません。

　また別の人は、活性化がなぜ求められているのかをより深く考えるかもしれません。現在は、限られた人員、財源で最大の市民サービスを提供しなければならない。組織を活性化して、職員個々の能力の総和以上の組織力を発揮して市民要望に応えなければならない。そのために、「組織の活性化」が求められているのだと考えて、「組織力を発揮」する必要があるという視点から考えるかもしれません。

　他にも、人によってさまざまな「**視点**」から設問を**分析**して課題を**見出だし**、その解決策を**提示**する「**論点**」を**考え出す**でしょう。「自分なりのテーマ」というのは、解答者個々の「問題意識」によって異なってきます。設問を各自の問題意識による異なった視点から捉え直すことによって、「自分なりのテーマ」が設定されるのです。この自分なりのテーマを「**支点**」とすることにより、論点をテコの原理のように、**より大きな力**で問題解決へ向けて**動かして**いくイメージです。

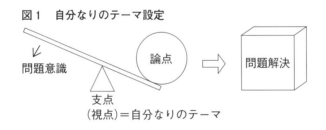

図1　自分なりのテーマ設定

　試験論文の**採点者**は、解答者がどのような**問題意識**をもち、どうやって問題を解決していこうとしているのかという基本的な**取り組み姿勢**を評価しています。解答者が示す取り組み姿勢が、当該自治体の問題解決、課題克服に**合致**するものなのか、当該自治体で**効果を期待**できるものなのかを評価しています。

この「自分なりのテーマ設定」は、論文の基本フォーマットでいえば、第1章の背景から続く部分となり、第1章の最後段で述べる部分となります。続く第2章以降で、自分なりのテーマに沿って、3つの論点を示して論理展開を行う基礎となる部分ですので、大変重要です。

❸論点とストーリーの組み立て

　試験論文における「**論点**」は、自分なりのテーマに沿って抽出した設問についての問題点や課題と、それに対する解決策や対応策のための具体的な提案のことです。試験論文では、問題点を明確に指摘した上で、それに対する対応策を提示します。

　論点は、常に設問にある問題点を解決することを意識して抽出しますが、このとき「自分なりのテーマ」からの視点で論述すると、より深い考察に基づいた論文とすることができます。

　例えば、75ページで取り上げた例の「係の活性化」の設問において、「組織力の発揮」を自分なりのテーマとした場合は、個々の職員の能力をどうすれば組織力に統合していけるのか、その力を発揮するためにはどうすればよいのか、それをどのように組織の活性化につなげるのか、という視点から論点を抽出していきます。

　この論点を先の「順列・組み合わせ」のテクニックを使って、問題点がもっとも短期かつ的確に解決できるかを考えるのが、「**ストーリーの組み立て**」です。このときには、順列・組み合わせの順列、つまり論述**する順序に意味をもたせる**ことに注意します。順序に意味をもたせるとは、設定した自分なりのテーマを基に論述する論点の順番を考えていくことです。

　上の例で、「職員の能力開発」、「目標による管理」、「協働意識の醸成」といった論点を抽出したとして、「組織力の発揮」という自分なりのテーマからストーリーを組み立てる一例を示します。

設問：係の活性化

　①個々の職員の能力を高める
　　　　↓
　②高めた能力を組織目標に向け統合する
　　　　↓
　③組織全体、全職員一丸となって問題解決にあたる
　　　　↓
　組織が活性化し
　　　　↓
　職員個々の能力の総和を超えた120％の組織力を発揮する
　　　　↓
　新たな市民要望に応える余力を生み出すことができる

というようなストーリーを組み立てることができます。組織力の発揮という自分なりのテーマに基づいて、①から③の３つの論点を順番に提示していきます。その結果として、組織力が職員の能力の単純な総和を超えて、新たな市民要望に応える余力を生み出すというような論理展開を図ることができます。

　このように、論理展開の方向性を意識しながら３つの論点の順列・組み合わせを行うことによって、**４章立て論文の第３章、第４章の組み立て**ができてきます。**３章立ての場合は、第２章の問題点の指摘と、その解決策の提示と第３章の組み立て**となります。こうして自分なりのテーマに沿って論文のストーリーを組み立てていくことにより、続く結びの**第４章（３章立ての場合は第３章）**へも、ストーリーに沿った**展開へ**とつなげていくことができるのです。

　では続いて、第４章（３章立ての場合は第３章）のストーリーを考えてみましょう。

活性化した組織の組織力により生み出した余力を「市民との協働」に向ける
　　　　↓
市民自身のもつ力を統合して大きな力にする
　　　　↓
市民のもっとも必要とする問題の解決に向けて、ともに立ち向かう

というような結びのストーリーが考えられ、設問の「組織の活性化」から、自分なりのテーマである「組織力の発揮」の視点を使って、「市民との協働」により、より大きな市全体としての「力」を発揮できることを示唆するような広がりや将来性を期待できるストーリーとして組み立てることができます。

4 レジュメの基本フォーマット

　論点について考えを整理してきて、最後の段階で活躍するのが、レジュメです。レジュメとは、**要約や概要**のことですが、論文においては**不可欠の道具（ツール）**といえます。
　これまでの過程で、論点発想でさまざまなキーワードを付箋紙に書き、机の上やメモ用紙の上に平面的にまとめられてきています。それらをグループ化してまとめ、論点となる３つのグループに絞りこんであります。その「論点」を、設定した「自分なりのテーマ」の視点から「論点とストーリーの組み立て」で論理展開を意識しながら論文としてどのように組み立てるのかを考えてきました。
　この論文の組み立てを目に見えるカタチで、思考をスムーズにする方法が「レジュメ」の活用です。それぞれの論点を代表するキーワード、または「短い文」をレジュメのフォーマットの上に、順次記入していくことにより論点間のつながりや問題点と解決策の対応などを目に見える形で確認することができます。

ステップ5　P&F式　論点発想・論文構成法
論文構成テクニック　7つのポイント

　レジュメのフォーマットを使ってキーワードや短い文を整理していくと、論文になったときの**論理の展開**が「**俯瞰図**」のように**一望**でき、論点と論点の関係がよく見えるようになります。論点に重複や脱落がないか、論理に飛躍や矛盾がないか、論旨が一貫して展開されているか、などを全体を概観しながら**チェック**できます。

　レジュメは、白紙の上に書き出してもよいのですが、論文のフォーマットに沿った「**図表**」として用意しておくと効率的に書いていくことができます。また、試験論文の勉強をする中で、いくつかの想定設問について考えて、キーワードの抽出やストーリーの組み立てに慣れてくると、レジュメのフォーマットを活用して、新たな設問についての考えを整理することもできます。

　レジュメのフォーマットを使って、設問に対する「**論点**」について**思考**しながら**書きこんで**いくと、最終目的である論文の形を意識しながら「**論点整理**」を行うことができ、論文作成の**練習**にもなります。加えて、レジュメのフォーマットを工夫することにより、論文試験のための**資料整理**に活用することもできます。

　レジュメの「基本フォーマット」（図2、86ページ）をパソコンの表計算ソフトなどを使ってA4判の白紙に**印刷**して、コピーすれば、設問（想定問題）1題につき1枚ずつのレジュメができます。図2のようにレジュメの基本フォーマットは、**論文**のフォーマットの**模式図**（モデル）になっています。

　4章立ての論文の場合、論文のそれぞれの章を対応させて記入します。

①第1章の「背景」、「問題意識」、「自分なりのテーマ」
②第2章の「問題点」を3点
③第3章の「解決策」を3点
④第4章の「結び」と「決意表明」

図2　レジュメの基本フォーマット

設　問						
①	背　景					
	問題意識					
	テ　ー　マ					
②	問題点1	A		③	解決策1	A
		B				B
		C				C
	問題点2	A			解決策2	A
		B				B
		C				C
	問題点3	A			解決策3	A
		B				B
		C				C
④	結　び					
	決意表明					

　第2章と第3章の問題点と解決策は、**左右の欄に分けて対応**させます。各3点についてA、B、Cと3点ずつの**「論点事項」**を挙げます。3章立ての論文の場合は、問題点と解決策が一括され、②と③が第2章となります。

①第1章の「背景」、「問題意識」、「自分なりのテーマ」
②第2章の「問題点」を3点
③第2章の「解決策」を3点
④第3章の「結び」と「決意表明」

　それぞれ、**キーワード**を使うなどして、**簡潔に論点**を記入していきます。論点発想で整理した論点をレジュメを使って、論述する「順番」を考えた上で記入していくことで、**論点整理とストーリー組み立て**を行うことができます。

この基本レジュメに記入するときには、じっくりと時間をかけて論理展開や論理的一貫性を十分に意識しながら記入します。これを基に、原稿用紙に論文として書き始めていきます。

5 論文フォーマットへの思考の流しこみ

　でき上がったレジュメ全体を「俯瞰」するように見直し、思い通りの論理展開ができているかを確認したら、「論文のフォーマット」に合わせて、これまで行ってきた「思考」を「流しこむ」つもりで原稿（解答）用紙に**書き出**します。

　論文試験の勉強をしている段階では、この俯瞰の過程で論点同士の組み合わせや順番を確認します。また、勉強段階ですので、別の組み合わせや順番の方が設問に対する解答としてよりふさわしいのではないかなどの**試行錯誤**をすることもできます。

　原稿用紙を使って、論文の形にまで仕上げてしまったものを試行錯誤で書き直す作業をするのは大変です。レジュメの段階で、別のレジュメフォーマットの用紙を使って試行錯誤を行うことでより簡便に作業ができ、両者を**見比べて**どちらがよいのかなどの**評価**、**検討**をすることができます。

　これらの過程で作ったレジュメは、整理して**保存**しておくことにより、自分の行った**思考過程のメモ**となり、試験勉強の中で、これだけの設問のテーマに取り組んできたという**自信**にもつながります。

　また、本番の論文試験に際しては、レジュメのフォーマットをもちこむことはできません。しかし、論文の勉強や練習の過程でレジュメを使うことに習熟していれば、試験場で使うことのできる**メモ用紙**や設問の記された用紙の裏紙などを使って、**レジュメ代わりのフォーマットを再現**できるでしょう。

　試験中では、レジュメのフォーマットをきちんと罫線を使って再現する必要はありません。キーワードや短い文をレジュメのフォーマットの

位置関係に従ってメモしていけばよいのです。このレジュメのメモを使って、全体の流れ（ストーリー）を常に意識しながら、解答用の原稿用紙に一つひとつの**文章**を書き出していきます。文章を書きながら、レジュメに書いた以外のこと（論点やキーワードなど）が思い浮かんでも、レジュメ段階までに組み立てた全体の構成を信じて、**余計なことを加えないこと**が大切です。

　論文を書き終わったら、再度**読み直して**、誤字脱字を直しますが、大きく直すようなことはしないようにします。要は、**レジュメの段階**までに考えた論点とストーリー展開を**信じる**ことこそが、試験論文を早く、**確実に書き上げる方法**であるということです。

6 5行レジュメでフォーマット発想

　「5行レジュメ」は、**4**のレジュメの基本フォーマットの**簡略型**です。レジュメの基本フォーマットの①〜④の各部分を1行にまとめてしまいます。

図3　5行レジュメ

	設　問			
①	意識・テーマ			
②	問題点1		③	解決策1
	問題点2			解決策2
	問題点3			解決策3
④	結び・決意			

　4章立て論文の場合、第1章、第4章をそれぞれ1行で済ませてしまいます。第2・3章の問題点と解決策を対応させながら、これもそれぞれ1つの論点を左右に分けて1行に圧縮して、3行にまとめてしまいます。各欄には、文章を記入するのではなく、論点を示すキーワードや論文の小見出しで使う「短文」のみを記入します。

　5行レジュメは、論文試験の勉強中だけでなく試験本番でも活用することができます。勉強中では、レジュメの基本フォーマットから論文に

書き上げることに慣れてきたら、内容をより簡略化した5行レジュメを作成する練習をします。

5行レジュメの各欄には、論点や論点事項を示すキーワードや「短文」のみを記入しますので、**時間を短縮して論文の全体を思考し、見える形にすること**ができます。初めは、基本レジュメを**参照**しながら5行レジュメを作成します。すでに論文に書き上げた想定問題ですから、比較的簡単にできるでしょう。

次の段階では、基本レジュメを参照せずに、想定設問から直接5行レジュメを作る練習をします。これにより、頭の中で論文の構成を考えながら論点を考えるという論点発想をして、それをすぐに5行レジュメのフォーマットを使って論文構成へとつなげる練習ができます。試験の時期に近くなって時間的な余裕がなくなってきたときには、手つかずの想定問題を論文にまで仕上げずに、5行レジュメにするだけでもよいのです。

また、本番の試験では、レジュメの基本フォーマットを想定して出題に関する論点発想、論文構成を行ってもよいのですが、限られた試験時間の間に厳密な作業を行うことはできません。むしろ、実際の**試験本番**のときには、この5行レジュメを**基本**にしてレジュメのメモ（110ページ図1参照）を書いてから、解答用紙に論文を書き始めた方が、より効率的に書くことができます。論文試験の勉強を重ねて、試験論文のカタチやレジュメのフォーマットに習熟してくれば、5行レジュメの「短文」で論点を整理する方がよりスムーズに論点発想、論文構成ができるようになるでしょう。

7 3行レジュメで思考トレーニング

「3行レジュメ」は、5行レジュメの②・③の部分だけを抽出した**超簡略版**のレジュメです。想定問題に対する問題点と解決策のキーワードや短文のみ3点ずつを、レジュメの1行の左右に対応させて書いたものです。

図4　3行レジュメ

設　問			
② 問題点1		③ 解決策1	
問題点2		解決策2	
問題点3		解決策3	

　3行レジュメは、**試験本番の直近**に作成すると**効果的**です。今まで考え、練習してきた想定問題に対する解答の**エッセンス**を1枚（または数枚）の用紙の上に、すべて書き出します。3行レジュメであれば、A4判用紙1枚に6～8題の設問を**集める**ことができます。

　これまで作ってきた5行レジュメやレジュメの基本フォーマットを基に、3行レジュメの形に**書き直して**みるのもよいでしょう。練習してきたときの思考が思い出され、**復習**にもなります。

　また、新しい想定設問にチャレンジしようとすると、1つの練習論文を書き上げるためには少なくとも本番試験と同じくらいの時間がかかります。しかし、試験直前まで論文を書く練習、訓練を何回もしてくれば、3行レジュメを作るだけで、論文を書き上げるまでに**必要な思考だけ**をすることで済むようになることでしょう。

　ここまで訓練してくれば、原稿用紙に論文を書く手間を省いて論文作成の練習ができますので、時間を効率的に使うことができます。毎日の生活の中で、ちょっとした**空き時間**を論文の**勉強時間**にすることもできることになりますので、3行レジュメを活用しない手はありません。

　それに加えて、3行レジュメに慣れてくると、珠算における**暗算**と同じ要領で、想定問題について考えるだけで、頭の中で論文を書くシミュレーションができるようにもなります。論文の練習が、紙も鉛筆も使わずにできるのですから、時間もかからず非常に効率的です。

　一方で、勉強してきた成果を3行レジュメの一覧として、1枚の紙にたくさん集めることによって、これだけの想定問題について十分に考えてきたことを**確認**したり、思考過程を思い出して再確認することにより、自信をもって試験に臨むという「お守り」の効果も期待できます。

ステップ6

試験論文の勉強法

試験論文の勉強法

直前2週間の追いこみ

ステップ6 試験論文の勉強法
試験論文の勉強法　6つのポイント

　昇任試験論文には効率的な勉強法があります。昇任試験では、論文だけではなく、択一式の試験などの知識を問われる他の科目と同時に受験する必要がある場合もあります。このようなときは、同時並行的に勉強しなければなりません。かつ、試験論文には確実な正解はないので、択一などの知識科目のように、教科書や参考書、問題集を使って成果を見ながら勉強を積み上げていくことができません。

　しかし、試験論文の勉強を段階を追って進めていくことにより、論文を書くことに慣れていき、自分なりに正解と思える論文を書き上げる力をつけていく方法があります。ここでは、これまで学んできた論文を作るためのテクニックやフォーマットを使って、論文を書く技術を磨き、一定の時間内で完成論文を書き上げるための方法を考えてみましょう。

❶練習論文を書いてみる

　まずは、過去の昇任試験で出題された**問題（過去問）**を集めます。この中から、自分で問題点、解決策を思いついたものを練習論文の「**設問**」にしてみます。また、より効率的に試験に向けて準備したいのであれば、過去問をより多く集めて、その中から言葉や表現を変えながら何回か出題されている頻出問題を**抽出**してもよいでしょう。

　練習用の設問が決まったら、その設問について自分ならどうやって考えて、問題点、解決策を書いていくのかをイメージして論文の組み立てに着手します。

　論文を組み立てていく方法は、本書のステップ5にある論文の発想、構成法のテクニックを使います。試験までにかなりの期間があるなら、最初はパソコンを使って試行錯誤しながら論文を仕上げていってもよいでしょう。試験論文の勉強の最初の段階では、まずは論文を組み立てる**思考方法**を習得する必要があるからです。

一方で、試験までの時間がなく、できるだけ早く試験論文を仕上げていきたいというならば、初めから原稿用紙と鉛筆を使って手書きの練習も兼ねて論文を作り、書き上げる練習をした方がよいでしょう。

　勉強を始める段階から、試験論文の**文字数制限**を明確に意識しておかなければなりませんが、初期の段階では、制限時間は気にせず論文を組み立てて、書いていく**手法**を学ぶことに力点を置きます。

　できるだけフォーマットに従った論文を書いていくようにすると、論文の中身、**内容を試行錯誤**することに集中できます。論文の形式をあれこれ試行錯誤してしまうと、内容と形式の２つの試行錯誤が重なってしまい、自分が今、何をしようとしているのか、何に悩んでいるのかがわからなくなってしまいますので、効率の悪い勉強となってしまいます。

　昇任選考で課される論文の制限文字数に応じた論文のフォーマット（３章立てか、４章立てか）を選択したら、それに**決め**てしまいます。その後は、決めたフォーマットに従って、論文の中身、**内容の思考**のみに**徹する**ことが試験論文の勉強のコツとなります。論文の中身をいろいろ考えながら、定めたフォーマットの中に自分の考えを入れていくイメージをもって論文を作っていきます。

　自分なりに論文ができたと思ったら、再度読み返してみて、思った通りの論文になっているか、誤字、脱字がないかを見直し、チェックしてその時点での解答論文とします。

❷添削を受ける

　解答論文ができたら、必ず**他人の目**で見てもらう必要があります。自分一人だけで論文を書いていると独りよがりで、偏った主張になっていることにも気づきにくくなります。

　まずは、**読みやすい**文章になっているか、述べられていることが**理解**してもらえるか、正確に**伝わって**いるのかを確認してもらいます。このレベルの評価であるなら、**家族**や**友人**でもよいのですが、論文の内容が

所属自治体の問題点や課題を正確に捉えて書かれているのかを評価してもらうためには、職場の**先輩**や**上司**に読んでもらう必要があります。特に、最近目指す選考に合格した先輩や上司には、自ら積極的に論文の添削をお願いします。

添削とは、論文の読み手が、論文の中で疑問を感じる点や、直した方がよいという部分を指摘して、意見を述べることです。具体的には、解答論文の中で、不足する部分に**追加**（添削の添）したり、いらない部分を**削除**（添削の削）したり、文章表現や用語に**指摘**があれば修正します。

添削者には、解答論文の原稿用紙の上に直接書き加えてもらうことになりますので、コピーを渡して添削を受けるとよいでしょう。論文試験の合格者であるならば、より的確な指摘をしてもらうことが期待できます。自分の論文の至らない点を指摘してもらうことにより、自分では気づかない**欠点**や不足する部分、冗長（余計）な部分を明確に**意識**することができます。

試験論文の勉強には、この添削のやり取りをする時間もかかりますので、選考試験の日程までの時間を長くとれるよう、できるだけ早めにスタートするとよいでしょう。

また、よい添削者に恵まれることも重要ですが、まずは既に選考試験に合格して昇任した職場の**上司**に添削をお願いすることも大切です。自分が、昇任選考を受験する**意志**があることを表明することにもなるからです。自分の決意を明らかにすることは、自分自身の**覚悟**を決めることでもあります。

受験にあたっては、勉強する時間を作るためにさまざまな努力が必要ですが、上司や同僚に**理解**を得て、**協力**してもらうことも大切です。もちろん、日常の職務ではしっかりと責任を果たしていくことは当然のことです。選考試験においては、当然に勤務態度や勤務成績が評価されることになりますので、甘えは許されません。

❸修正論文を完成論文にする

　添削で指摘された部分は、そのまま鵜呑みにして書き直すのではなく、どういう点がよくなかったのか、不足していたのかなど、**再度自分で考え、納得しながら**書き直します。添削で指摘された点を参考にして、もう一度練習論文を組み立てるところからやり直してみることが、論文の勉強になります。

　書き直した論文は、再度添削を受けて、以前のものよりよくなったかどうかについても意見をいただきましょう。同じ設問についての論文を何回か添削を受けることで、完成論文に近づけていくことができます。論文の勉強とは、この添削を受けて、書き直し、だんだんとよい論文に近づけていくという、論文を「**磨いていく**」過程だといえます。

　何度か添削を受けて、添削者からこれで**合格点**をとれる論文まで仕上がったと**評価**された論文は、**完成論文**とします。他の添削者に意見をいただくこともよいと思いますが、個人により評価の観点が異なりますので、必ずしも再度合格点に達した論文であるとの評価にならないこともあります。こういうときは、それ以上深入りすることを避けて、どちらの評価が、自分の考え方や表現方法と合っているのか、自分自身で論文として書きやすいかという視点から、自分で判断することも必要です。

　目標は、昇任試験で合格点を獲得できる論文を書き上げることです。論文の完成度を上げることも大切なことではありますが、自分自身が試験本番で最も**書きやすい論文**を完成論文とすることが重要です。完成論文を自分なりの合格論文とするかどうかは、自分自身の責任で**判断**することになります。

❹制限時間で論文を完成する

　昇任選考では、試験会場に受験者を集めて、時間を区切って試験を行う集合型の選考方法と、自宅などで論文（作文などという場合があります）を書いてくる方法があります。

集合型の論文試験では、一定の時間内に論文を完成させなければなりません。そのためには、制限時間を意識して、論文の構成を考え、解答（原稿）用紙の上に書いていかなければなりません。

　論文の勉強の初期の段階では、論文を作り、書くことの練習の段階でもありますので、時間をかけてじっくりと考えながら、論文を書くこと自体の練習に重きを置きます。しかし、論文を書くことに慣れ始めた段階から、次は論文の制限時間を意識して、**時間内**で論文を**完成**させる**練習**をしなければなりません。

　本番試験では、最低でも自分が解答として述べなければならないことをすべて書き上げることが求められます。時間が足りなくなって、すべてを書き上げられなかったとしたら、解答として必要条件を満たしていないと評価され、「点数」が低くなることは間違いありません。

　試験本番で、このような尻切れトンボの論文とならないよう、勉強の**段階から制限時間**を意識して論文を書き上げる練習をしておきます。そのためには、本番試験とできるだけ**似た条件**で、論文を構想する段階から、書き上げて、読み直して、完成する段階までを**経験**しておく必要があります。

　自宅でもよいのですが、制限時間の間は、家族からも話しかけられない、電話にも出ない環境を作って、完全に論文を書くことに集中します。家族が外出しているときを狙うとか、時間を確保できるよう家族にも協力を求める必要があるでしょう。

　このような**模擬論文試験**では、タイマーや目覚まし時計などで、時間が来たら**アラーム**が鳴るよう制限時間を設定して、論文を書き上げます。実際に試してみて、時間が不足するようであれば、論文の構想段階に時間がかかっているのか、原稿用紙に書く段階でなのか、書き直しが必要になったのかなど、どの段階で時間がかかったのかを自分自身で冷静に**分析**します。次に模擬論文を書くときには、そのことを繰り返さないよう**作戦**を練ってチャレンジします。

本番試験前には、最低でも 2 ～ 3 回は、外部から遮断された環境で、制限時間内で論文を書き上げる**練習**をしておくとよいでしょう。そうすることにより、本番試験に冷静に臨むことができる自信にもつながります。

5 論文を書く訓練をする

　試験論文の勉強をするのに、本番試験までにまだ十分な時間があれば、ぜひ論文を書く「訓練」をすることをお推めします。

　訓練とは、「実際にある事を行なって習熟させること」（広辞苑）です。試験論文の学習においては、単に論文を書く練習をするだけではなく、いくつもの想定問題について論文を**書き上げる**ことを何度も行って**習熟**することです。論文を書き上げることを**身体**に**覚え**させるまで、**繰り返し論文を書いて**訓練を積むことで、どんな設問にも、一定の完成度の論文が書けるようになるでしょう。

　論文の訓練は、例えば毎週末に 1 本は論文を書き上げるなどの課題を**自分自身**に**課して**、それを**実践**することです。また、本番試験に近くなってきたら、試験と同じ制限時間内で必ず書き上げるように課して、何度も論文を書いてみてもよいでしょう。時間がない中では難しいと思うかもしれませんが、逆に考えれば、制限時間の 1 時間半とか 2 時間という時間だけで論文の勉強ができてしまうと考えることもできます。

　本書のフォーマットに合わせて、書き方のポイントを押さえて論文を書く訓練をしていくと、原稿用紙の**一定の位置**に来ると、各章の始まりがこないと気持ち悪く**感じる**ようになります。この段階まで訓練を積めば、一定のボリューム（文字数）で論文の各章、各項目が書けるようになってきたことになり、これは安定して自分の考えを論文の形で表現できるようになってきたということでもあります。

　突きつめれば、1 文、1 文が**必要**にして**十分**な内容をもちながら、**余分**もなく、**不足**もない文章を書けるようになってこその**領域**といえます。

ここまでくれば、試験論文を書くことに習熟し、本番試験にあたっても、同じ感覚で落ち着いて論文を書くことができるでしょう。

　スポーツ選手が、練習に練習を重ねて、身体をつくり、技を磨いていくように、論文も訓練することで、習熟することができます。

6 レジュメで効率化する

　試験論文を書くことに十分に習熟すると、原稿用紙（解答用紙）に論文を**書く**ということが１つの作業に思えてきます。論文の内容を考えたり、構想を組み立てたりすることこそが試験論文で試される本来のことであり、論文として原稿用紙や解答用紙に書き出すことは、人に伝えるための単なる**手段**であるということに気づくでしょう。

　鉛筆を使って原稿用紙に論文を書くという訓練を十分に積んでくると、原稿用紙に文字を書き連ねなくとも、論文を書いたように感じることができます。まるで、珠算で**暗算**ができるようになるように、また将棋の目隠し将棋のように頭の中に、ソロバンや将棋盤が**イメージ**として見えるようになるような状態に近いでしょうか。その域まで達していなくとも、試験論文の勉強を続ける中で、原稿用紙に書かずに、論文を書く**練習**をすることができるようになります。

　それは、レジュメを作成することです。本書のＰ＆Ｆ式論文のレジュメは、**論文の形式**を１つの図表の中に落としこんだものです。レジュメの中に各章、各節の中で論述することをキーワードや短文として**記入**していけば、頭の中では論文の文章の形で考えているのと同じようなことができるようになってきます。

　もちろん、論文を書く訓練を十分に積むことでこの域に達することができるのですが、レジュメを作ってから論文を書く「作業」を何度も重ねることで論文を書く技術を磨いていくこともできます。例えば、**ステップ5**の**4**の基本レジュメを作成して、それを原稿用紙の上に論文の形で1,000文字、2,000文字書くということは、手で書くという**作業**に相

当の**時間**がかかります。この書く作業の部分を**省略**して、レジュメの作成だけで論文の勉強とすると、1つの論文を作るために要する時間が**短縮**できます。

　仮に昇任選考のために半年間の時間があるとすると、中盤以降の2～3か月は、原稿用紙に論文の形で完成させるのを週末の休日に1回だけとします。その上で、週中の平日は、レジュメを使っての**模擬的**な論文の**勉強**をすれば、**短時間**で**勉強**ができます。特に、択一式など他の科目も同時に課される昇任選考の受験勉強にあたっては、このように時間の効率的使用方法を工夫する価値があります。

　レジュメを使っての論文試験勉強の効率化は、これだけではありません。基本レジュメではなく、より簡潔な**5行レジュメ**を使えば、キーワードのみで論文の各章、各節を考えることができ、勉強に要する時間のさらなる**効率化**につなげることができますし、論文の構成全体を見渡しながら**俯瞰的**に考える**練習**にもなります。

　加えて、試験論文の勉強を重ねてくると、**第1章前段、中段**と、**最終章**（4章立ての場合は第4章、3章立ての場合は第3章）の結びの部分の多くは、さまざまな設問で**共通**していることに気がつくでしょう。そうすると、共通部分の多い第1章と最終章を**除いた3行レジュメ**を使えば、より**効率的**に勉強ができることになります。

　3行レジュメは、A4判用紙1枚に6～8題の設問についてまとめることができますので、これを集めて論文の「**タネ**」**集**として活用することもできます。3行レジュメ集を持ち歩いて、見返せば、通勤時間帯や昼休みなどの**スキマ**時間を試験論文の**勉強**時間とすることもできます。

ステップ6 試験論文の勉強法
直前2週間の追いこみ　4つのポイント

　昇任選考の試験本番が間近に迫ってくると誰しも焦りを感じるものです。これまで試験論文の勉強をし、十分に訓練も重ねてきていれば、自信をもって試験に臨むこともできるのでしょうけれど、誰もがそこまで準備ができているわけではないでしょう。仕事や家庭のことで勉強時間を十分に確保することができなかったとか、さまざまな理由で十分な自信をもって試験本番に臨めないこともあります。

　しかし、ある程度の勉強をしてきたならば、それで得た知識や論文の技術を活かして、試験に臨めばよいのです。まずは、これまでに勉強してきた**実績を確認して落ち着きを取り戻す**ことが大切です。

❶キーワード集の作成

　論文試験に向けて一定程度勉強してきていれば、すでに想定問題でいくつかの論文を考え、書き上げてきているはずです。まずは、論文を書くときに行った「論点発想」での**キーワードを再確認**しましょう。

　練習論文を読み返して、これだけの論文を書き上げてきたのだということを確認して、自信をもちましょう。練習論文を読みながら、その中で使われているキーワードを**抽出して「キーワード集」**を作ります。

　キーワードについての**詳しい説明は不要**です。それは、論文の練習をするときに考え、頭の中に残っているはずだからです。設問とキーワードとの**関係**や、キーワードとキーワードの関係を思い出しながら、キーワード集を紙の上に書き出していくと知識の再確認ができ、論文の構成も再度組み立てることができて、**復習**することができます。

　もし、キーワードの意味や、設問や各論点との関係を思い出せなかったら、**調べて覚え直す**ことで知識の**修復**や論文の**再構成**をすることができます。

2 3行レジュメ集の作成

これまで作ってきたレジュメや練習論文を集めて、レジュメを作成したときの思考過程を思い出しながら、**3行レジュメ集**へと整理します。考えられる想定問題を網羅するつもりで、3行レジュメをＡ４判用紙の上に６～８題ずつどんどん**書き出し**ていきます。３～４枚もあれば、今まで書いたり考えたりした設問が集まってしまうことでしょう。

３行レジュメは、これまで自分で考えてきた論文の**エッセンス**です。一覧にしてみると、たくさんの想定問題についてさまざまに考えてきたことが**確認**でき、自信にもつながるでしょう。

この３行レジュメ集を常に持ち歩いて、通勤時間や昼休みなど、ほんの僅かな空き時間に読み直せば、思考を**反芻**するようにして頭に**定着**させることができます。

3 実戦型練習で時間感覚をつかむ

直前２週間の論文練習は、制限時間を完全に取れる時間と場所を確保して、本番と同じ**条件**で**実戦型**の練習をします。家族が寝ている早朝や深夜、電話や訪問者のいない土日、集中できる図書館などで制限時間を厳守します。

１本の論文を設問を読むところから、最後の読み直しまでを**一貫して**模擬練習することによって試験の**時間感覚**をつかみます。論文作成に習熟していれば、制限時間の中で書き終わることができるでしょう。むしろ、少しくらい時間に余裕があると感じるかもしれません。

逆に**時間が足りない**と感じるときは、**練習不足**の可能性があります。他に課されている試験科目があれば、本番試験まで２週間で論文試験の勉強ばかりするわけにもいきません。他の科目との**勉強時間**を調整して論文を書く時間を増やすことができるようであれば、**工夫**して時間を確保して補強したいものです。

また、論文を書くにあたって、どこに時間がかかってしまっているの

かを考えてみることも必要です。レジュメを作るまでに時間がかかってしまうのか、それともレジュメから原稿用紙に手書きするのに時間がかかってしまうのかによって対処は違ってきます。前者であるなら、**考え**がまとまっていなかったり、問題点や解決策の**知識**が足りないのかもしれません。後者の場合は、**手書き**に慣れていないこともありますが、レジュメから文章にする時に**迷い**を生じてしまい、あれこれ余計なことを考えていたり、原稿用紙に書いてしまってから訂正するなどの**逡巡**があるのかもしれません。

論文を書くにあたって、自分自身でどこに問題があるのかを冷静に考えて、**反省点**を見つけることが大切です。反省点が見つかれば、そこを**集中的**に勉強したり、練習したりすればよいのです。

単に、何回も制限時間内で書くことばかりに時間を費やすより、効率的に自分の**弱点**が補強できます。

◤4◢ 試験の条件確認と準備

最後にもう一度、試験の条件を確認しましょう。**会場や集合時間、制限時間や制限文字数、筆記用具や時計の持ちこみなどの条件**を再確認します。

シャープペンは不可で、鉛筆のみ可能などとなっていれば、多めに削っておいて持ちこまなければなりません。

ちょっとした**不注意**が、試験本番でのつまずきの原因となり実力発揮に影響します。

ステップ7

試験論文の解答法

試験本番の論文解答フロー

ステップ7 試験論文の解答法
試験本番の論文解答フロー　8つのポイント

　昇任試験の当日、誰しも緊張して席につき、解答用紙と問題の配布を待つものです。試験開始直前に論文を書く手順を作業の流れに沿っておさらいしておきましょう。
　試験直前に頭の中で論文を書くシミュレーションをしておくと、落ち着いて本番試験に臨めるでしょう。

1 記名と課題選択

　試験開始までの待ち時間はこれまで自分の行ってきた実績を再確認して、これだけやってきたのだから、必ず合格論文を書けると**強い気持ち**をもちましょう。
　試験開始直前の自席では、3行レジュメ集とキーワード集に目を通します。書かれている内容までよく読まなくて大丈夫です。ざっと目を通すだけで、これまで努力してきた自分を**再確認**して、気持ちを**落ち着か**せます。
　試験開始と同時に、まず初めに解答用紙に**受験番号**や**氏名**など必要事項を記入してしまいます。設問の書かれた**問題用紙**は、その**後**に開いて読みます。初めに問題用紙を開いて設問を読んでしまうと、設問を理解しようと頭脳が回転し始めて、他のことに注意が届かなくなります。後から、「名前を書いていない！」などと気がつくと、**焦り**を生じて、ムダな時間を使ってしまいます。
　昇任選考の論文試験では多くの場合、複数の設問が出題されます。まず、設問が、「**行政課題**」「**内部管理課題**」なのか、どの分野の課題であるのかを**峻別**します。ここで簡単に分野が絞りきれなくても、設問をよく読みこんで、行政課題ものとしてアプローチできるか、または内部管理ものとしてはどうかを比較、検討します。
　一見すると行政課題のように広い範囲にわたる設問に読めても、よく

ステップ7　試験論文の解答法
試験本番の論文解答フロー　8つのポイント

考えると内部管理課題である場合があります。その逆に、内部管理課題のように感じても、実はその背景に隠れている行政課題が問題の焦点である場合もあります。また、一見して行政課題のように広い範囲から検討して問題点、解決策を考えなければならないものでも、もしかしたらぐっと焦点を絞った内部管理課題として解答できる設問もあります。

　設問の種別を判断して**決定**したら、自分が最も書きやすいと思った設問を**選択**します。その後は、選択した設問についてのみ検討し、他の設問に心移りしないよう**決断**します。設問の選択における逡巡は、論文試験では、単なる時間のムダとなります。

　解答論文を考え始めたら、決して「他の設問の方が書きやすかったかもしれない」などという**迷い**を生じないようキッパリと決断しなければなりません。特に、すでにレジュメを作り始めたり、さらに進んで論文を解答用紙に書き始めてから、他の設問に心が移ってしまうと、それまでの時間は、まったくのムダとなってしまいます。

　設問を選択したら、絶対に心変わりしないと**覚悟**を決めてください。

❷出題意図の分析

　次に再度、設問を深く**読みこみ**ます。今、なぜこの課題が出題されているのか、出題者はどのような解答を欲しているのか「**出題者の意図**」を探る視点から、設問を**分析**します。79ページにあるように、出題者の意図を分析して、それに合わせた方向、内容で論文を組み立てていく必要があります。

　設問に**隠されて**いる課題はないか、複数の課題が**複合**されていないか、一見ごく**一般的**な課題のように思えても、**地域**の課題に関わりがあるのではないか、などなど、出題者になったつもりでよく考えます。

　出題者の意図を探る過程で、論文の構成のおぼろげな姿が見えてくるでしょう。そのおぼろげな姿は、まだこの段階ではそのままにして、次の「自分なりのテーマ」の設定に移ります。

出題意図の分析の段階で論文の**構成**の方に意識が向いてしまい、そのことをメモしたりしないことも重要です。自分なりのテーマがしっかりと設定されないままに、論文の構成につながるキーワードなどのメモを書き始めてしまうと、「論点発想」や「論点整理」の段階で手戻りが生じてしまい、時間のムダとなることがあります。

ついつい焦って、順々に進めていくべきところを手順を間違えると後で痛い目にあいます。ここでは、出題者の意図についてのみ考えることに集中しましょう。

3 自分なりのテーマの設定

出題者が解答として何を求めているのかがわかったら、その課題に対する「**自分なりのテーマ**」を設定します。

人はそれぞれ異なった「**問題意識**」をもっています。設問から抽出した課題について自分なりの問題意識による視点から捉え直すことが「自分なりのテーマ」の設定です。81ページの論文構成テクニック2の図にあるように、自分なりのテーマを「**支点**」とすることにより、論文で述べる課題や解決策の**方向性**を決めていくことになります。

自分なりのテーマの設定は、論文試験では**最大の山場**となります。これを自分自身納得して明確に設定できれば、論文の大半はできたも同然です。P&F式論文のフォーマットでは、第1章の最後段で表明します。

後は、この自分なりのテーマを常に**念頭**に置いて、論点の発想、整理を順次行っていきます。

4 論点発想

P&F式論文のフォーマットでは、設問についての問題点と解決策を3点ずつのペアで指摘します。

これまで論文の勉強の「論点発想」で蓄えてきたキーワードから設問に関するものを次々と**発想**します。思い出そうとするのではなく、今、

ステップ7　試験論文の解答法
試験本番の論文解答フロー　8つのポイント

設定した自分なりのテーマの視点から、練習してきた「1人ブレスト」や「KJ法」、「帰納法と演繹法」といった手法を駆使して、新たに発想するのです。

このとき、常に「**問題点を解決する**」ということを意識しながら、思いついた**キーワードのみ**を**メモ用紙**（なければ**問題用紙の裏**）に書き出していきます。論述する問題点、解決策は、3点ずつですが、この段階で、3点以上のキーワードが出てきても、こだわることなく書き出していきます。キーワードの絞りこみは、次の論点整理で行いますので、どんどん発想していきます。

逆に、3つの論点が発想できたので、それで論点発想は完了と思わないことも大切です。もしかしたら、解答によりふさわしい課題や解決策のキーワードがあるかもしれないからです。かといって、余りにも多くのキーワードを出し続けるのはムダな時間を費やすことになります。

焦ることはありませんが、この段階でも頭の中では、キーワードがさまざまにつながりあってきていることでしょうから、この程度でいいと自分で思ったところで止めておきましょう。

この段階で、1つの**テクニック**（**裏ワザ**）があります。論文発想で、課題のキーワードがうまく思いつかないときに、具体的な解決策、対応策を**先に発想**してしまい、これに**応じた**問題点や現状を**関連づけて**発想していくという方法です。論文の論理展開とは**逆の手順**で論点発想を行うと、スムーズにキーワードを発想できる場合があります。

設問に関するキーワードを発想してメモするときには、KJ法的な手法を意識して、ある程度似通ったキーワードを近くに寄せて書いていくと、論点整理のときに思考がまとまりやすくなります。

そのためにも、メモ用紙（なければ問題用紙の裏）の中では少し間隔を空けて余裕をもってキーワードを書いていくとよいでしょう。

5 論点整理

　論点整理では、「取捨選択」と「順列・組み合わせ」を行います。

　まず、論点発想でメモしたたくさんのキーワード全体を見渡して、**KJ法的に**キーワード間の関連性を考えながら**取捨選択**してキーワードを**グループ化**します。練習では使えたポスト・イットなどの付箋紙は、試験場にはありませんから、**メモ用紙の上で線やマーク、番号をつける**などして**分類**していきます。

　この段階で、「出題者の意図」の分析で考えてきたことを基にグループ化するように意識します。出題者の意図を分析したその思考は、まだ頭の中に残っているはずです。その意識を使って、キーワード間のつながりを考えていくことが大切です。

　グループ化ができたら、または完全にできていなくても重要そうなグループが3つ以上できてきたなら、「**自分なりのテーマ**」の視点から3つの論点に絞りこんでいきます。この作業が「**取捨選択**」になります。必要ないと判断されたグループやキーワードには、2本線の取り消し線やバツ印をつけて消していきます。

　論点が、3点の問題点と解決策に絞られてきたら、「順列・組み合わせ」の段階に入ります。順列・組み合わせでは、3つに絞りこんだ論点をどの**順番**で論述していくのかを決めていきます。

　まずは、「小見出し」になるキーワードを意識して、**丸印やアンダーライン**などで**マーキング**します。マーキングしながら、小見出しのキーワードを基に、論文の「**ストーリー**」を意識して論文の**構成**を考えます。

　小見出しのキーワードを見渡して、どの順番で述べていくのがよいのかを意識して1、2、3とキーワードのグループに**番号**を振っていきます。このとき、82ページの論文構成テクニック3論点とストーリーの組み立てで解説したテクニックを使って、順番を決めていきます。

　大きな論点から小さなことへという「**大→小**」、逆の「**小→大**」、狭い範囲から広いところへという「**狭→広**」、逆の「**広→狭**」などというよ

うに、論文の構成に**方向性**をもたせると「**論理展開**」を意識的に行うことができ、論述する順番を決めやすくなり、順番に意味づけすることができて効果的です。

❻メモから5行レジュメの作成

　メモ用紙上で行う最後の作業は、5行レジュメの手法を使った論文の「原型」の作成です。

　メモ用紙上にランダムに書かれたキーワード群を5行レジュメへと整理します。メモ用紙の上のキーワード群には、論点整理で書き加えた線やマークで整理された3つのグループが示され、それぞれに番号が振られている状態になっています。

　論点整理でいろいろと考えてきていますので、頭の中では、キーワード群がどんどんつながっていき、ほとんど論文の文章に近いものになってくるでしょう。ここで、もう一度冷静に立ち返って、**全体を見渡して**から、3つの論点の中からそれぞれ**最重要**としてマークしたキーワードに注目します。この3つのキーワードを基に5行レジュメの形に整理します。

　まず初めに、選択した設問を再確認して、「**問題意識**」と「**自分なりのテーマ**」のキーワードの単語のみを1行目の「**意識・テーマ**」の位置に書きます。練習で使ってきた5行レジュメのように**罫線を引く必要はありません**。罫線を引く時間がもったいないですし、練習で何回も使ってくれば、およその形は頭の中に残っているはずです。5行レジュメの形に合わせて、5行だけキーワードを書き出すというだけで十分です。

　この時、頭の中は論文の文章が渦巻いてきている状態ですので、ついつい文章を書きたくなってしまいますが、キーワードのみを書き出すことに集中します。文章や短文を書き始めてしまうと、メモ用紙に書く作業に時間を取られてしまいますので、キーワードのみに集中します。

　次に、「**問題点**」と「**解決策**」を左右に分けて、それぞれのキーワー

図1　5行レジュメのメモ（例）

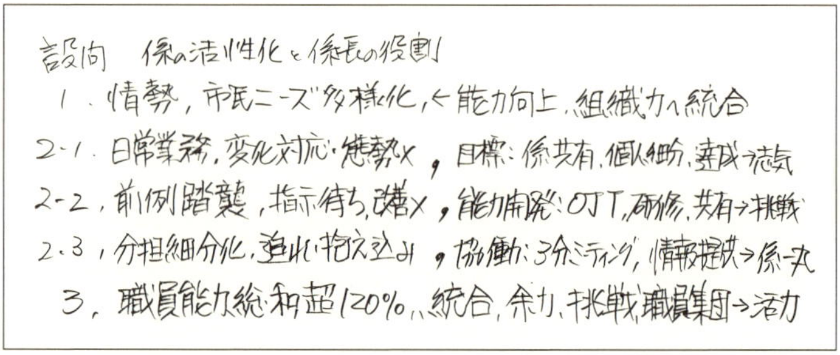

> 設問　係の活性化と係長の役割!
> 1. 情勢、市民ニーズ多様化、←能力向上、組織力へ統合
> 2-1. 日常業務、変化対応・姿勢×、目標：係共有、個々把握、達成で流
> 2-2. 前例踏襲、指示待ち、強み×、能力開発：OJT、研修、共有→挑戦
> 2-3. 分担細分化、追い込み抱え込み、協働：2分ミーティング、情報把握→係一丸
> 3. 職員能力総和超120%、統合、余力、挑戦、職員間→活力

ドを3行分書き出します。最後に設問を意識して「今後の展望」と「決意」のキーワードを書き出します。メモ用紙の上には、5行だけのキーワードが集まった5行レジュメができ上がります。

　最後に、5行レジュメのメモを上から俯瞰するつもりで見渡して、特に問題点と対応策の3行の順番がこれでよいかを考えます。そうすると、論文の論理構成がよいのか、論理展開が考えたとおりかが確認できます。

　レジュメを俯瞰して、論理展開について考えていると、頭の中では既に論文の文章が次々に浮かんできて、つながっていき、すぐにでも解答用紙に論文を書きたくなってくるでしょう。ここで再度冷静になって、論理展開もこれでよいと再度確認できたらいよいよ次の段階、論文として解答用紙（原稿用紙）に書いていきます。

　5行レジュメは、あくまでもキーワードのみで作成するというのが最重要のポイントになります。

7 論文フォーマットへの流しこみ

　5行レジュメができると、もう頭の中は書き出すべき文章で一杯になってきているはずです。頭の中の文章を、レジュメを確認しながら、論文フォーマットにどっと流しこむつもりで、解答用紙に書き出していきます。

　文字を書くためには一定の時間がかかります。頭の中の文章を文字に

ステップ7　試験論文の解答法
試験本番の論文解答フロー　8つのポイント

する間にいろいろと考えてしまうこともあります。この言葉でよいのかとか、キーワードはこの順番でよいのかとか、きっと**迷い**が出ることでしょう。

また、あれにも触れておきたい、これでよいのかどうか、などなど気になることも思い浮かぶことでしょう。しかし、5行レジュメで確定した論点を**信じて**、レジュメのとおりにキーワードから**文章**に起こしていくことに**集中**します。レジュメのキーワードを確認しながら、論理構成から外れたり、論点をつけ加えたりすることのないように**一気**に**書き出**していきます。

解答用紙に論文の文章を書く時の気持ちは、レジュメをまとめるまでの思考を信じて、論文のフォーマットに**流しこむ**つもりで書き出していくという感覚が大切です。論文の勉強を十分にして、原稿用紙に論文を書く訓練をしてくれば、本番試験の解答用紙の上でも、この位置（行）で各章、各節が終わらないと気持ち悪いと感じることでしょう。

これまで自分自身が、十分に論文の勉強をしてきたことを信じて、解答用紙の上に論文のフォーマットに従って、文章を流しこむように一気に書き上げてください。

8 時間配分と読み直し

論点発想からレジュメ作成までは、頭を使って論文の構成を考えるという論文試験では最も重要な部分です。このため、制限時間の10％から20％を費やします。2時間の制限時間なら20分～30分をあてます。

図2　時間配分

制限時間	120分	90分
記名からレジュメ	20～30分	15～20分
文章の流しこみ（手書き）	80～90分	60～70分
読み直し	10～15分	7～9分

論文試験の開始とともに設問を読むと、すぐにでも解答用紙に書きこ

みたくなるものですし、書くための時間が大切に思えるものです。しかし、解答用紙に文字を書きこむ時間よりも、最初に**考える**時間に多めの時間を使う方が論文の内容を充実させることができます。

　考えを整理することなく、書きながら考えるのでは、あれこれ迷いますし、つけ加えたり、消しゴムで消して書き直したりして余計な時間がかかってしまいます。文章を書く時間は、手で書くこと、つまり頭の中の思考を紙の上に「**出力**」することだという気持ちで、一定の時間を確保すれば足りると確信します。そうすれば、初めの思考の時間が重要だということがわかるでしょう。

　論文を書き終わると、最後に**読み直し**の時間が必要です。誤字脱字をチェックするために、声に出さずに「**頭の中で音読**」（黙読よりしっかり読み上げる）するためには、最低でも**10分**程度の時間が必要です。

　読み直しは、あくまでも**誤字脱字**のチェックのみとして、論旨の**訂正**に及ぶようなことをしないように注意します。論文を書き上げてから、**手直し**したくなったり、**付け加え**たくなったりすることもあるかもしれませんが、絶対にしないことにします。

　試験制限時間の終了が近づく中で、手直しを始めると、必ず焦りが生じてきます。焦りを感じながら冷静な思考をすることはできません。レジュメを作成するまでの集中的な思考を信じて、試験時間の最終段階で余計な手直しをしないと決心しておきましょう。

　初めの思考の時間と、最後の読み直しの時間を除くと、論文の文章を解答用紙に**書く**時間は、逆算して制限時間の70％程度、2時間の制限時間では、1時間20分〜1時間30分ほどになります。1時間半は短いように感じますが、考えがまとまってさえいれば、手で2,000字の文字を書くには十分な時間です。

　論文試験の勉強の中で、手で鉛筆を使って文字を書く練習、訓練を積んできていれば、なおさらのことです。勉強の段階で、手で書くことの練習もしておくと、本番試験においても落ち着いて論文を書くことがで

きます。
　最後に、本番試験の直前には、このフローに従った**模擬試験**を2〜3回経験しておくとよいでしょう。論文試験の**時間感覚**が身について、本番での焦りやパニックを予防する効果もあります。

実践編

Point & Formatによる昇任試験論文の書き方

設問の分析
論点の発想
論文の構成
レジュメの作成・論文化

実践編 Point & Formatによる昇任試験論文の書き方
設問の分析　6つのポイント

　実践編では、練習論文を書くときの様子をシミュレートして、このように考えながら論文を組み立てていくのだという経過を疑似体験していただきます。
　筆者ならこう考えて書いていくという過程を、頭の中で考えた言葉でレポートします。読者のあなたと一緒に、P＆F式論文のポイントに注意しながら、入門編で示した手法・テクニックを使って考えていきます。
　練習論文を完成させるまでの一連の作業、思考過程を疑似体験してみてください。
　練習用に選択した設問は次のものです。

設問	係の活性化と係長の役割について、あなたの考えを1,800字以内で述べなさい。

　まず初めに、設問の条件の確認を行い、論文の全体に影響する出題者の意図の分析や問題意識、自分なりのテーマの設定を行います。

　さあ始めようか。まずは、設問の条件の確認だ。係長選考の論文試験だから、当然に係長としての観点で書いていかなきゃいけないな。
　文字数は、1,800文字以内に指定されているから、3章立てでいけるな。
　本番試験では、何より先に受験番号を書かなきゃならないな。でも、今は練習だから、ちゃんと原稿用紙の欄外に所属と名前を入れておこう。添削を受けるときに必要になるからね。

❶分野選択
　さあて、では始めよう。まずは、出題分野をどうするかだ。設問は、「係の活性化」について「係長の役割」の観点から自分の考えを述べるように求めているから、出題分野としては、自治体の課題として解答する行政課題ものより、組織管理や職員管理に重きを置いた内部管理課題とした方が書きやすいな。
　うん、では、決定。

❷出題意図の分析
　出題を考えているのは、わが市の管理職の誰かだし、ウチの課題や問題を基に出題されているはずだ。仮に私が出題者、イコールどこかの部課長だったら、と立場

実践編　Point & Formatによる昇任試験論文の書き方
設問の分析　6つのポイント

を逆転して考えてみよう。

　では、管理職ならこの設問をどんな意図をもって課しているのか探ってみるか。ほとんどの自治体は、常に変化する多様な住民ニーズへの対応を迫られている。これは、ウチの市も同じ。これに対して、自治体は限られた財源、予算と人員を活用してできるかぎりの対応をしようとしている。もちろんこれも同じ、むしろウチは標準的自治体の中では環境が厳しい方かも。

　このお金と人の制約を係の活性化で乗り越えろってことだね、きっと。で、係を活性化して何をするのか？

　そりゃ、住民福祉の増進、つまり市民サービスの向上でしょう。地方自治法にも定められている自治体の使命だもん。うん。では、出題者の意図は、係を活性化して市民サービスを向上させるということにしよう。決定。

❸問題意識の明確化

　次は、自分自身の問題意識の明確化だな。市民アンケートでも、ニーズは多様化してきているし、世帯当たり人数もだんだんと減少してきているから公的サービスへの要求は増えている。

　制約条件は、地方自治法2条で規定されている「最少の経費で最大の効果を挙げるようにしなければならない」かな。現状の「宛てがい扶持」の予算と職員数の中、何とかしてしっかり「住民の福祉の増進に努め」なければならない。

　うん、これが私の問題意識だ。

❹自分なりのテーマの設定

　決まったマンパワーと予算で、どうやって変化する市民ニーズに対応するのか？　それに、係の活性化の課題をどう結びつければいいのか？　別の視点から、「係を活性化してどうするのか？」というのも考えなきゃな。

　そうだ、活性化で生まれたパワーを余力として活用しようというのはどうだ？その余力を新たな市民ニーズの対応へ、そうだ新しい課題への挑戦に活用したらというのはどうだろう。だって、職員も予算も簡単には増やせはしないんだから。

　そうそう、係を活性化して職員の「能力」を上げる。これを集めて「組織力」にする。それを「余力」ということにして、「住民福祉の増進」に振り向けるんだ。テーマは「組織力」でどうだろう。よし、「組織力」に決定。

❺論点とストーリーの組み立て

　さて、それでは、組織力を発揮するためにはどうしたらよいのか？　まずは、

個々の職員の能力を高めることだ。その次に高めた能力をまとめ上げることだな。
　そのためにはどうするか、自分だったら最初に、職員の能力開発をするね。研修やOJTだ。それを組織力に統合するためには、全員で同じ方向に向かって仕事しなきゃ。
　そうだ、「目標による管理」っていうやつがあったな。でも、職員間の仲が悪ければ力の統合どころじゃない。係の雰囲気も大切だし、協働意識も重要だ。この辺も活性化に関係してくるから、意識しておこう。
　次は、論文として組み立てるとしたらどうしようか？　これらの**論点**をどういうストーリーにしていくかだ。個人の小さなところから組織全体の大きなところへという方向性とすると、個々の職員能力向上→職員の協働→目標による管理の順かな？　いや、目標管理は、組織全体を統括して能力開発や協働意識の前提となるかも。
　全体の見通しはこんなところでいいか。後は、レジュメを作るときによ～く考えてみよう。今のところは、こんなところでOK。

❻結論の方向性の設定

　最後の締めはどうしようかな？　職員の能力を上げて、係全体で統合して生み出した力を「組織力」とするのだから、その力は、今の係の能力より大きくなるはずだよね。
　それをきちんと管理して発揮すれば、職員個々の能力の単純な総和よりも大きくすることができるはずだ。そうだ、「十二分に」という言葉があるな。料理をたっぷりいただきましたとか、運動会で練習以上に頑張るぞなんていうときに、「十分」より多いっていう意味だよね。
　これを使って、「十二分に能力を発揮できる係をつくる」というのはどうだろう。
　十二分ということは、120％だから、20％の余力。この「余力」を新しい課題にチャレンジするパワーにしようというのはどうだろう？　うん、なかなかいいかも。
　この組織力を余力として活用することが**問題解決の方向性**ということになるな。
　そして最後は、やっぱり係長の役割の定番だよね。リーダーシップと課長の補佐役っていうやつだ。それと、組織間のハブ役とかもあるね。その上で、最後の最後にやる気と意気ごみをしっかり**意志表示**して終了だ。
　さて、次は、論点発想だ!!

実践編　Point & Formatによる昇任試験論文の書き方
論点の発想　5つのポイント

Point & Formatによる昇任試験論文の書き方
論点の発想　5つのポイント

　設問についていろいろと考えてくると、頭の中はさまざまな言葉やイメージでいっぱいになってきます。まずは、それらをメモを使って、見える形にして机の上で整理していきます。
　論文の練習中は、粘着式の付箋紙（ポスト・イットなど）を使うと便利です。キーワードをたくさん書き出して、貼る位置を変えながら考えを整理していきます。

❶1人ブレスト

　論点発想は、設問に関連するキーワードをできるだけ多く考え出すことだったね。それには、思いついた言葉から、1人ブレストの手法で関連するキーワードをどんどん書き出していくんだった。
　では初めに、設問のキーワードについてからスタートだ。これが、第2章の具体的な問題点・課題と対策に関係してくるから、重点的に発想してみることにしよう。
　ではまず、設問に登場するキーワードの順で「係」からいってみるか。**組織面**では、第一線の組織、最先端の組織、最小の組織、住民に最も近い組織、専門組織、機動力、現場力、組織力、総合力などか、それほど多く発想できないなぁ。
　視点を変えて、係といえば各係員から構成されているので、**人の集団**の面からも考えてみるか。職員集団、個性の集まり、専門職、事務職、職場、職務分担、先輩・後輩、新人・ベテラン・中堅、人間関係、気遣い、体調管理、ワークライフバランス、おっと拡散しそうだ、次。
　係には「係長」が必要だ。**係長**については、係の統括、職員の指揮・監督、職務遂行の責任者、リーダーシップ、課長の補佐、職員間のパイプ役、係間のハブ機能、プレイングマネージャー、率先垂範、実行力、人望、人格者などなど。係長になるのも大変だな、これは。
　設問の次のキーワードは「活性化」だ。**活性化**について発想してみると、活力、やる気、元気、士気、モチベーション、モラール、チャレンジ、意欲、明るく、楽しく、おやおや少し情緒的になってきちゃった。
　また視点を変えて、**職員各個人の**「活性化」について考えてみるか。人材育成、

教育・訓練、研修、ＯＪＴ、Ｏｆｆ－ＪＴ、勉強会、学習報告会、能力発揮、創意工夫、自発的、自己啓発、やる気、やってみさせる、言って聞かせる、させてみる、経験させる、経験を積む、経験を活かす、見守る、評価する、褒める、やってみなはれという言葉もあったけれど、ちょっと砕けすぎてきたからこのへんでいいか。

　個人と個人との関係、**集団**としての面からは、協力、助けあい、協働、チームワーク、仲良く、分かちあい、相互補完、競争と協力、連携、意思疎通、意見交換、報連相、信頼関係、相互理解、情報交換、情報共有、コミュニケーション、うん？人と人の関わりあいで活性化される面もあるかな。

　組織の観点から「活性化」に関わりそうなキーワードはないかな。目標達成、達成感、目標設定、目標による管理、ＰＤＣＡサイクル、組織力、職員力、総合力だよね。あっ、統合力なんていうキーワードも思い浮かんできたけどあったかなぁそんな言葉、でもいいか、加えておこう。何だか活性化でパワーが生まれてきそうだ。

　設問の次のキーワードは、「係長」だけど、前の「係」の中で係長に関するキーワードを発想してしまったから、もう大丈夫だろう。

　最後は、「**役割**」か。これは簡単そうで少し難しいぞ。まずは、役割とは何か考えてみなければならないな。じゃ、ネットの**辞書**を使って**意味**を調べてみるか。「役目を割り当てること、割り当てられた役目、職務に応じて期待されている機能、遂行しなければならない職務・はたらき・役目」などなどいろいろ出てくるな。まっ、文字どおり「職務上の役目を割り当てる」ということか。

　設問では、「係長の役割」ということで、係長に限定されているから、その面から発想してみる必要があるな。となると、先ほど考えた係長とダブるからそのキーワードを使うということでＯＫだろう。

　次に、第１章の**問題意識**や**自分なりのテーマ**を設定するための発想だ。社会経済情勢やわが市の状況などの背景についてのキーワードを、思いつくまま書き出してみよう。

　社会経済情勢では、少子高齢化、人口減少、労働人口の不足、外国人受け入れ、過疎化、都市部への人口集中、長期の経済停滞、失われた20年、デフレ脱却、アベノミクス、地方創生政策、地球環境問題、災害多発、情報化、グローバル化、地方分権の進展などなどいっぱいありすぎて全部あげたらきりがない。設問に関係のありそうなところだけでやめておこう。

　地域の環境では、中心市街地の空洞化、周辺地域の人口増加、ドーナツ化、中山

実践編　Point & Formatによる昇任試験論文の書き方
論点の発想　5つのポイント

間地の限界集落化、消滅自治体の危機、コンパクトシティーなどか。問題ばかりだ。
　市民のニーズからは、安心・安全、防災・防犯、災害対策、治安対策、格差対策、子育て、保育、介護、福祉、保健、健康、スポーツ、道路・公園、産業、雇用、文化、学校、おやおや市役所の窓口案内みたいになってきた。もういいか。
　行政の立場からはさまざまな対応をしているということだけれど、それを担保する**財政や市の状況**からは、厳しい財政状況継続、税収見込み不透明、地方交付税・補助金獲得、税収確保対策、料金負担増を求める、人員削減、職員増は望めない、非常勤職員活用、指定管理者制度、民間委託化などだね。いろいろ厳しいことばかりか。
　自治体運営の立場からはどうだろう。効率化、コスト意識、スピード対応、自治体経営、公平と公正、地方自治の本旨、自治体の使命、地方自治法2条、最少の経費、最大の効果、住民福祉の増進、効率と質、費用対効果、人材育成、経営感覚、事業見直し、説明責任、公会計、おっと少し拡散してきてしまったな。
　かなりのキーワードを発想できたので、次の段階のキーワードの抽出に移ろうか。

❷KJ法

> 　論点発想の第2段階は、これまでたくさん発想してきたキーワード群の中から論文に必要なキーワードへと絞りこんでいく過程です。これまでの1人ブレストで発想してきたキーワードをKJ法の手法を使って、関連するキーワード群に分類・整理します。
> 　論文の練習中ですので、キーワードを付箋紙に書いて机上に貼ってあります。全体を見渡して、関連のありそうな付箋紙を近くに集める作業を行います。

　さて、これからは論文のカタチにだんだんと収れんさせていく段階だ。だから、ここからは論文の流れに沿って第1章から始めていこう。
　第1章は、設問に対する**基本認識**や論述の**方向性**を示す章だ。まずは、設問に関する**背景**や**現状認識**から始めよう。
　これまで、「**日本**」は、厳しい経済環境が続いてきたけれど、国が先導して金融、財政、経済成長政策を実施して、何とかこれを脱しようとしている。これに関連したキーワードとして、長期の経済停滞、失われた20年、デフレ脱却、アベノミクス、地方創生政策をひとまとめにして集めておこう。
　最近の新聞などでよく見聞きする「**自治体**」にも関係するキーワードでは、人口

121

減少社会とか、デフレ経済からの脱却、アベノミクス、地方創生、限界集落、消滅自治体などだ。

次は、「**地域の環境**」だ。わが市では中心市街地の空洞化、周辺地域への人口移動、中山間地では過疎化の兆候も見られて、コンパクトシティーなど都市構造の問題が多いような気がする。

「**市民ニーズ**」からはどうだろう。中心部では安心・安全、防災・防犯、災害対策、高齢化、介護。中心部周辺地域では子育て、保育、保健、健康など子育て期のニーズが多いな。中山間地では、災害対策、高齢者の交通対策、産業振興、雇用対策などなど人口減少に伴う課題克服が求められている。

では、「**行政**」の立場からはどうだろうか。一部の大都市では税収増を見込める都市もあるようだけれど、やはり厳しい財政状況は一般的で、わが市でも一番の問題だ。不透明な税収見込みや行政需要の変化など、財政問題は大きい。加えて、職員増は見込めない中、民間委託化、非常勤職員の活用など人員問題は深刻だ。

最後に「**自治体運営**」の立場からだ。効率化、コスト意識、費用対効果、経営感覚など自治体経営の立場と、地方自治の本旨、地方自治法2条、最少の経費、最大の効果、住民福祉の増進、など自治体の使命に関わることが多いな。

とすると、第1章に関連しそうなキーワードが集まってきた。これを大きく括ると大体6グループくらいができるな。

さあ続いては、**第2章の**具体的な**問題点、課題と対策**関連だ。まずは、「**係**」からだけど、設問の「活性化」と「係長の役割」に関連ありそうなところからキーワードを**抽出して**、集めていこう。

「**係**」に関連するキーワードで**気に入っている**のは、組織面での第一線の組織、最先端の組織、最小の組織、住民に最も近い組織かな。それに**マンパワー**の集まる場という視点から、職員集団、職務分担、現場力、組織力、総合力などが設問と関連が強そうだ。

「**係長**」に関するキーワードでは、係の統括、職員の指揮・監督、職務遂行の責任者、リーダーシップ、率先垂範、それに課長の補佐も重要なキーワードだ。

次に「**活性化**」だ。活力、士気、モチベーション、チャレンジ、これは日本語で挑戦か。昔、初任者研修の頃はモラールなんていうキーワードもあったけど、最近は使わなくなったなぁ、おっと脱線した。

「**雰囲気**」という視点からは、明るく、楽しく、元気よく、仲良くかな。

実践編　Point & Formatによる昇任試験論文の書き方
論点の発想　5つのポイント

「集団」としては、協力、協働、相互補完、連携、チームワークだ。
「情報や関係性」の観点からは、情報提供、情報共有、意見交換、コミュニケーション、庁内ＬＡＮ、報連相、相互理解、信頼関係、助けあい、競争と協力などに括り直せるかな。
　続いて「個人の活性化」に関連するキーワードはどうだろう。まずは人材育成関係から、研修、ＯＪＴ、Ｏｆｆ－ＪＴ、勉強会、学習報告会、自己啓発などの教育は重要だ。
　職員の「育成」という点では、山本五十六の名言で「やってみせ、言って聞かせて、させてみて、褒めてやらねば人は動かじ」というのは好きだな。キーワードとしては、説明する、納得させる、経験させる、経験を活かす、評価する、褒めるというのが一連のキーワードになるか。
　次に「組織」の観点でのキーワードを抽出してみよう。目標達成、目標設定、目標による管理、ＰＤＣＡサイクルがまず集まるね。
　そこから生まれてくる「パワー」もグループ化できるぞ。組織力、職員力、総合力、統合力、なんだか活性化することができそうな感じになってきた。
　設問の最後のキーワードは、「役割」だけど、これは、「係長の」がかかってくるので「係長の役割」で括り直してみようか。でも、さっきの「係長」に関連するキーワードで抽出したグループとほぼ同じだな。このまま、「係長の役割」にグループの名称を変えてしまおう。
　これで、1人ブレストでたくさん発想してきたキーワードを基に10のグループができてきた。
　ＫＪ法を使ったキーワード抽出、グループ化では、たくさんのキーワードの中から、設問で問われている問題点や解決策に関連性のありそうなグループに集約しながら、グループ間の関連性も考えて思考を展開していくんだ。考えることが大事なんだよね。
　こうやって、キーワードの書かれた付箋紙をグループ分けして、上から見下ろしてみると、なんとなく全体像が見えてくる気がする。
　さて、次は、論文を書く前提を強く意識して、どのキーワードを使って全体を構成していくかという論点のまとめの作業に進もう。

❸取捨選択

> これまで、キーワードの発想、抽出と2段階の思考と作業を進めてきました。目の前の机の上には、「1人ブレスト」で発想したキーワードが付箋紙に書かれて、「KJ法」を応用してグループにまとめられ、全体を見渡せる状態になっています。
> 　頭の中ではだんだんとキーワードのまとまりができてきて、どのような方向で、どのキーワードを使っていこうかと考え始めてきています。
> 　次の段階では、その頭の中の混沌から少しずつまとまり始めたキーワード群を論文にするという意識を明確にもって、全体を見える形にしていきます。

　それじゃ、**第1章**のキーワード群から始めるぞ。よく見かけるキーワードとはいえ、設問に直接関係のなさそうなものは外した方がよさそうだ。
　まずは「**日本**」のグループからだ。さすがにアベノミクスは国、政府の政策だし具体的過ぎるから外そう。
　消滅自治体や限界集落は「活性化」のテーマからは正反対のキーワードだ。でも、現在の経済情勢に触れておくべきだとは思うし、長期の経済停滞、デフレ脱却、地方創生政策くらいは残しておくか。
　次は「**地域の環境**」だ。より具体的な背景とするためにわが市の市民ニーズを挙げたいところだけれど、全て挙げようとすると市役所の窓口を列挙するようなことになってしまうなぁ、困ったものだ。論文にするには制限文字数も考慮しておかなければならないし。では、ここはこのままおいておいて、次の段階で帰納・演繹の手法を使って考えることにしよう。
　「**行政**」の立場からは、やはり財政の厳しい制約の中でも住民ニーズに的確に応えていくことが必要だ。しかし、財政状況や職員のマンパワー不足を個別に指摘していくほどの紙幅もない。これも、後から再検討だ。
　ではなぜ厳しい制約条件の中で、住民ニーズに応えなければならないのか。それは、自治体の存在意義であり、自治体の使命である、地方自治法2条、最少の経費、最大の効果、住民福祉を充実して住民の生命、財産を守るためだからでしょう。ちょっと深く考えすぎたかな。
　さて、試験論文の**文字数制限**に収めるためにはどのキーワードを取捨選択するか。やはり自治体の存在意義について述べておこうか。とすると、残すのは使命、最少

実践編　Point & Formatによる昇任試験論文の書き方
論点の発想　5つのポイント

の経費、最大の効果、住民福祉の充実だろうな。

次にそれを実現するための**方策**と**方向性**だ。ここで重要なのが、自分なりに考えた解決方法の提示をして**オリジナリティ**を出さなきゃいけないということだよね。

設問は、係の活性化について係長の役割から述べよということだから、係を活性化する方策として、係員の「**能力向上**」と、係組織としてその向上した能力を「**統合**」して「**総合力**」を発揮することにするか。組織としての総合力は「**組織力**」だな。「統合力」の付箋の「力」は消して統合にしておこうか。×をつけておこう。

組織力を発揮するために、活力ある係をつくり上げなければならないし、活力があれば、新たな課題にもチャレンジする意欲を引き出すことができる。これが「**自分なりのテーマ**」だし、解決の方向性を示す**視点**ということになるな。

これで、第1章で必要なキーワードを抽出できた。続いて、**第2章の問題点・課題**と対策関連だ。

まずは、「**係**」については、第一線の組織、最先端の組織、最少の組織、住民に最も近い組織などがあるけれど、第一線の組織や最先端の組織では、**何に対して第一線なのか、最先端なのか**をはっきりさせておかなければならないな。市民に向けて第一線、市組織の中の第一線、最先端ということだ。端的に組織の位置づけがわかる最先端を選択しよう。

次は、「**係長**」だけれど、これもいろいろとキーワードが出てきているな。設問では「係長の役割」について述べることになっているので、係長とは何かということを意識しつつ、「**役割**」について述べなければならないということだ。

第2章では、3つの**論点**から問題点・課題を挙げて、その解決策を指摘しなければならないから、課題ごとに係長の役割を3つの側面から具体的に述べることを求められているわけだ。

ということは、たくさんのキーワードの中から課題に応じたものを**選択**していく必要があるということになる。となれば、なるべく多くのキーワードを残しておきたいな。それでは、ここでは仮に全部のキーワードを選択しておくことにしよう。

論文の構成を考えながら、**レジュメ作成**をしていく中で順次、取捨選択していけばいいだろう。

では、次。「**活性化**」にいこう。たくさんあるなぁ。まずは「**係の活性化**」のキーワードには、活力、士気、モチベーション、チャレンジ、挑戦、どれも使えそうだから残しておくか。

係の**雰囲気**の面からは、明るく、楽しく、元気よく、仲良くだけど、論文の中では１つか、２つ使えるかだな。

「**集団**」の面からは、協力、協働、相互補完、連携、チームワーク、これはどれも重要だけど、似た意味の言葉には注意が必要だ。

係内の「**情報や関係性**」の観点からは、情報提供、情報共有、意見交換、コミュニケーション、庁内ＬＡＮ、報連相、相互理解、信頼関係、助けあい、競争と協力、先に絞ってしまうより、これもレジュメを考える段階で再度選択していくことにしよう。

次に、職員個々人を活性化するためのキーワードだ。山本五十六の言葉は好きだけど、論文の中で使うには冗長すぎるからやめておくか。

では、オーソドックスに「**人材育成**」関係から、研修、ＯＪＴ、Ｏｆｆ－ＪＴ、勉強会、学習報告会、自己啓発、どれも重要だから残しておくか。

続いて、「**組織面**」からのキーワードは、目標による管理、目標達成、目標設定、ＰＤＣＡサイクルだ。目標による管理が**基本**キーワードで、他はそのための**手法**だけど、これもすべて重要だね。残しておかなきゃ。

第２章は、論文の中心だし、３つの論点で構成されるから、たくさんのキーワードが必要になる。だからこの段階で捨てるキーワードは少なくなるけど、仕方ないか。

１人ブレストとＫＪ法で絞り出してきた最後のキーワードのグループが、活性化から生まれてくる「**パワー**」だ。これも**グループ化**しよう。何かできそうだと思った組織力、職員力、総合力、統合のキーワードは、第３章のまとめの部分で使えそうだ。これも残しておかなきゃ。

❹帰納法と演繹法

> １人ブレスト、ＫＪ法でキーワードをたくさん発想してグループ化し、取捨選択で必要なキーワードを抽出してきました。
> 次の段階では、これらのキーワードが論文の中で使えるものなのかどうかを確かめます。キーワードのグループの中のどの言葉をつないでいけば論理的に説明することができるのか、どの言葉は使えないのか、また他に必要な言葉がないのかを「理屈」の面から検証します。

次の段階は、**帰納法と演繹法**だ。取捨選択の作業で、十分に検討せずに残してき

実践編　Point & Formatによる昇任試験論文の書き方
論点の発想　5つのポイント

たキーワードについてもよく考えてみる段階だ。

　検討を先延ばししたのは、**第1章で使うキーワード**だな。第1章はボリュームを大きく取るわけにはいかないので、**最小限のキーワードに絞る**必要があるから注意しないといけないな。

　ではまず、「**市民ニーズ**」について。1人ブレストでは役所の窓口のようなキーワード群になってしまって、拡散してしまった。さてどうするか。役所は様々な住民ニーズに応えるために、それぞれの部署を置いているのだから、個別のニーズを挙げたらきりがないし、そんなことをしたら当然に論文のボリュームの中に収まるわけがない。

　ではどうするか。個別のニーズを**抽象化**して、市民ニーズとしてみよう。その上で、その変化について注目してみると、キーワードは、市民ニーズ、多様化、複雑化、変化、増大となるか。これを付箋紙に書いて**追加**しておこう。

　次は、「**行政**」の立場からの背景で、多くの制約条件があるということだ。これはどこの自治体も同じようなものだから、**一般論**として抽象化すると、効率化、コスト意識、費用対効果、経営感覚、自治体経営などのキーワードがあるな。これらも必要かな。

　具体的な個別のキーワードから**帰納**することによって、抽象的なキーワードに変化させることができるんだな。こうすると、**制限**された**文字数**で、現状や背景など一般的なことや普遍的なことを**論述**できるというわけだ。

　帰納法を応用するのは、第1章のような社会や市政についての**全体的**なことを論述するときに向いているな。

　演繹法は、その反対に一般的なことや概念的なことから導き出される**具体的**なことを発想することだから、第2章の問題点や解決策を考えるときに向いている。ということを確認して、次の段階の論点整理に進もうか。

❺順列・組み合わせ

> 　たくさん思い浮かべたキーワードを整理して、論文に使える（必要な）キーワードが絞りこまれてきました。これらのキーワードを使って、どのように設問に対する解答を述べていこうかと、頭の中ではキーワードのグループが中心に流れこむよう渦巻きのように回転を始めてきています。
>
> 　論文のカタチにする前の段階で、キーワードのグループごとに組み合わせや

> 順番を考えながら大まかなストーリーの組み立てを試してみると、レジュメの作成段階で論理展開を考える準備になります。

さて次は、論文の構成を意識した**論点整理**の段階だ。まずは、抽出して取捨選択してきたキーワード群のグループを再確認しておこう。机の上の付箋紙の集まったグループを真上から少し距離をとって全体を見渡して、もう一度概観しておこう。

第1章は、背景や問題意識、解決の方向性だから、少し**抽象的**でも一般性や普遍性を意識して、その中で**わが市**の状況を少し具体的に説明するようにしよう。

第2章では、「自分なりのテーマ」と「解決の方向性」で示した考えを実際に**実践**するために、何をどう進めていくのかという視点で、**具体的**な問題点と、解決するための**行動**をしっかりと、**3点指摘**しよう。

第3章は、3つの改善策によりどのように変化して、改善がされ、どのような効果が現れるのか**将来展望**を示して、自分自身の**決意表明**で締める。という**構成**が見えてきた。これを常に意識しながら、**ストーリー**を組み立てていかなきゃな。

では初めは、**第1章**から。キーワード群を設問についての背景・現状認識と問題意識、解決のための自分なりのテーマと、解決の方向性の観点からグループ化しよう。

まずは、**背景**と**現状認識**からだ。私は、広い視野をもって、高い視点から考えてますよということを表明したいから、背景としては、現在の社会経済情勢には触れておかないといけないな。

長期的な「経済停滞」が続いていて、「デフレ脱却」のために様々な政策が展開されている。「地方創生」もその1つの具体策だ。

次に、そのような社会的背景の中、私はもちろんわが市のことについてを第一に考えてますよというアピールが必要だ。

「市民ニーズ」の**状況**と、それに対応する**市政**の**姿勢**を明確にしなくちゃな。当たり前のことだけど地方自治の本旨に基づく、**市政**の**使命**である「住民福祉」の向上を挙げておこう。

第1章で最も重要なのが、**解決の方向性**を示すことだ。自分なりのテーマは、「**組織力**」とするのは変わらないな。それを使ってどうやって問題を解決していくのかというと、係長として、職員個々の「**能力**」を高めて、それを**組織力**へと「**統合**」して発揮する。

実践編　Point & Formatによる昇任試験論文の書き方
論文の構成　6つのポイント

それによって現在以上の能力を発揮できる**余力**を創り出して、新たに現れる市民ニーズにも現状の人員でも「チャレンジ」できるようにパワーアップする。

そういうパワーをもった「活力」ある係をつくっていくんだ。うん、自分自身、だんだんと係長になって、チャレンジしたい気持ちに盛り上がってきたぞ。

Point & Formatによる昇任試験論文の書き方
実践編　論文の構成　6つのポイント

> これまで、論文の中で使うキーワードを考えながら、何をテーマにして、何を実行するのか、そうしてその結果としてどうなっていくのかということを考えてきました。頭の中では、ほとんどのキーワードがつながり始めて文章に近いものになってきています。
>
> 次は、このキーワードのグループを論文で述べる論点とするために、キーワードのつながりを各章、各節で述べる文章の形へとまとめ上げていきます。この段階では、論文の構成を第一に意識して、論点と文章の関係を考えながら論文の構成へと練り上げていきます。

❶第1章の構成

さあ、これでキーワード群が大きく4グループにまとまった。次は、各グループの中でどんな順番で取り上げていくとよいのかを中心に、検討を進めよう。

第1章は、背景、現状、問題意識、自分なりのテーマ、解決の方向性の順だから、その順番で第一のグループの中のキーワードを並べ直してみよう。

まずは、**背景**だな。この長期の経済停滞、失われた20年、デフレ脱却、地方創生政策のキーワードのグループを**丸で囲んで**《1−1》**と番号**を振っておこう。

次のグループは、**現状**だからこの「地域の環境」のグループだ。市民ニーズを具体的に列挙したいところだけれど、市役所の窓口を並べることになってしまうから、**追加した**キーワードの市民ニーズ、多様化、複雑化、変化、増大のグループを丸で囲んで《1−2》と書いておこう。

続いて**問題意識**だな。これはもう早い段階で決まっていたから、たくさんのキーワードの中から選び抜かれている。自治体の使命、最少の経費、最大の効果、住民福祉の充実のキーワードのグループを丸で囲んで、《1−3　問題意識》と書いて

おけばOKだ。

　最後に「**自分なりのテーマ**」、これも「組織力」に決定ずみだ。組織力を発揮するためには活力ある係をつくるということで、活力、士気、モチベーション、チャレンジ、挑戦のキーワードがグループ化さている。

　これと、組織力、職員力、総合力、統合力のグループをまとめておこうか。おっと、統合力から「力」に×印をつけて「統合」にしたんだったな。

　この２つのグループを大きく囲んで《１－４　自分なりのテーマ》と書き加えておこう。

　そうだ、「**解決の方向性**」も第１章の最後で触れておかなければならないんだった。これは、第３章で述べる結論へとつながるところだから、この段階では何ともいえないな。第３章の構成を考えるときに第１章のグループに**戻って検討**しよう。ということで、注意するために大きく３と書いて《注意!!》とメモっておくことにしよう。

❷第２章の構成①【論点第一】

　第２章は、問題点・課題と解決策・対応策の３点を具体的に示さなきゃいけないんだよね。

　まず初めに**第１点め**として、職員各個人の「活性化」中の「能力アップ」に関係する人材育成、教育・訓練、研修、ＯＪＴなんかのキーワードのグループから考えてみようか。

　課題としては、職員はみんな採用試験を通って入庁してきているのだから、能力が低いわけはない。しかし、時間が経つに連れて世の中は変化してきているし、新しいことも学び直さなければならないはずだ。そのために研修制度があるんだしね。

　また、人間というのはどうしても易きに流されやすいもの、間違いを起こさないためにも前例に倣って仕事をしていればよいと思いがちだ。そうしているうちに「**前例踏襲**」していることにすら気づきにくくなってくる。これは自省をこめてだけど、組織的にも大きな課題といえるな。

　で、**改善策**は？　まずは、職員が自ら考えて仕事やその改善に取り組めるようになるための基礎として「研修」で最新の知識や技術を身につけることか。研修にも、職員として一般的にもっておかければならない知識や技術に関する基本的、汎用的なものから、個別の職務に関する「**専門的な研修**」までさまざまある。

　基礎的なものはウチの市でもやっているけど、専門的なものは県や民間で実施さ

れている研修に出ていく必要があるな。外部研修だけではなくて、職務に関するものであれば、日常の業務の中で教える「OJT」だって立派な研修の一環だ。

職員の中には、「**自主的な勉強会**」を主催したり、参加している者もいる。そういう積極的な職員を養成する必要もあるな。

こうすることによって、新しく得た知識や経験を使って、新たに発生する市民ニーズに対応するというチャレンジ精神の基礎にしていくことができるんだな。

❸第２章の構成②【論点第二】

さて次は**第２点**めだ、キーワードのグループとしては、この辺りにある大きな括りだな。職員の集団面からの協力、助けあい、協働、チームワークなんかのあるグループだ。このグループを見ながら考えていこう。

まず個々の職員の能力をどうやって組織力にまとめ上げていくかだ。組織力のキモでもあるな。

係内をまとめるための**問題点・課題**は何か？ それは、やはり係の仕事の範囲が広がったり、**専門化**が進んで、「**職務分担**」が「**細分化**」されていることだろう。

そのため、各職員は自分の担当業務をこそしっかりとこなさなければならず、なかなか他の職員のことまで頭が回らなくなってきている。そして、今担当している案件に追われて、その背後にある課題や問題点にまで敷衍して考える余裕がなくなっている。

係のみんながそういう状態だと、一人ひとり**孤立**して課題、問題点を抱え込んでしまうことになる。そこを係長として、何とかして改善していくことが、**解決策**になるんだな。

具体的には、まずは、係内の「コミュニケーション」の活発化が必要か。そのためには、係会などでの情報共有が必要だ。係長として把握した市全体の動向や他部署に関する情報提供もしなきゃ。しかし、「係会」というのは、議題があって開いたり、月に１～２度のペースだったりして、割と公式なイメージだな。

ならば、「**朝会**」というのはどうだろう。毎朝、各係員のスケジュールなどを確認しながら、係長としてのアドバイスや「情報提供」をすれば、ミスの防止や適時、適切な対応でムラやムダがなくなるよね。

職員からも仕事の進捗状況と一緒に、困り事やどう対応したらよいのかなどの相談についても発言してもらおう。すると、先輩職員からアドバイスをもらったり、日々の具体的な課題に対応できる。それに庁内ＬＡＮも並用すれば、係長から日常

的に市全体の対応方針との整合性を示したりして、組織としての仕事の進め方も統一できる。

　そうだ、加えて、さっき考えた「能力開発」で、研修や勉強会で得た知識を職員各個人だけのものとしておくのでは、「自分なりのテーマ」である「組織力」には結びつかないよね。研修などに参加した職員には、係会で知識や経験を発表してもらって、係員全員で「共有」することにしよう。

　そうしてこそ初めて、係の組織として、職員個人が研修で得た知見をみんなで活用できることになる。これは重要だ。能力アップのグループに追加しておこう。

　ちょっと待てよ。コミュニケーションの確保の前に、まずは係内の「雰囲気」も大事ではないか？　人間関係は、組織内のコミュニケーションの基礎だよね。良好な人間関係をつくっておくことも係長の重要な役割じゃないかな？

　常日頃から、職員の健康状態や精神的な状態にも気を遣って良好な職場環境を維持しておかなければ、職員の能力を引き出すこともできないし、いざというときの協力態勢も組むことは難しいだろう。係長としては、昼休みや終業後の声かけや付き合いなど、仕事以外の「インフォーマル」な気遣いも必要だ。これも、協力関係のグループに追加しておこう。

❹第２章の構成③【論点第三】

　第２章の最後に３点めだ。３点めは、どのグループかな。職員個人の能力開発をして個々の能力向上は図った。それをまとめて組織力とするために係という組織のコミュニケーションを確保する。次は、とくれば組織力の「発揮」かな？

　ストーリーの組み立てとしては、当然そうなりそうだ。組織力を発揮するためには、係員みんなで一致協力して仕事をすればよい。そのためには、みんなで同じ方向を向いて力を出さなければならないな。

　みんな一緒の方向を向いてしまうのは気持ち悪い？　個々の考えや感情も尊重しなければなぁ。まっ、これは個人の感想っていうやつか。そういう気もするけど、みんなの力を新たな課題の解決に向けるのだから、どっちの方向を向くのかこそが重要だ。

　新たな課題の解決に向けての目標が、住民福祉の向上という大きな目的に向かっていて、この目の前の課題を克服することが具体的な中くらいの目標だとすれば、全員一致団結してこれを達成しようじゃないか、となることこそ市職員の「使命」でもあるな。

実践編　Point & Formatによる昇任試験論文の書き方
論文の構成　6つのポイント

　そうだ、**目標**を**明確**にすることが、みんなが力を合わせるためには、どうしても必要なんだ。
　そうしないと、職員のみんながバラバラの方向を向いていて、共通の目標をもっていなければ、整合性をもって効率的な仕事なんてできないよね。
　ということは、組織力の発揮には、共通の目標が必須ということだ。
　第2章の3点目は、「目標」に決まりだ。
　そこで、抽出したキーワード群を見てみると、活性化の組織面からのキーワード群の大きなグループということになるね。「**目標**による**管理**」というのは、組織管理上の人事評価手法の1つだったけど、これを組織力を発揮する手段の1つとして活用することができるな。
　目標による管理で大事なところは、組織としての目標を職員個人個人の目標にまで**分解**して設定する。職員各個人が自律的に職務を遂行する中で、分解して設定された個人目標の達成に向けて行動する。その上で、個人の達成状況が全体としての組織目標の達成に向かっているかを常に**把握**しつつ、必要な**修正**を加えて組織目標を**達成**するということだったね。ＰＤＣＡってやつにも関係するな。
　ということで、まずは、係長として「係全体の目標」を「設定」して、その目標を「職員個々人の目標」にまで「分解」して設定する必要がある。そのためには、「係会」などで「係目標」を「明確」に示した上で、「目標達成状況」を「確認」して、職員間で目標達成状況にアンバランスがあれば、それを修正しなければならない。
　「達成度」の高い職員はきちんと「評価」して褒めてやり、「遅れ」のある業務は職員間の「協力」を求めてフォローする。こうして、係内の「協力態勢」をつくり出すことが係の「活性化」にも役立つことになるはずだ。

❺**第2章の構成④【再確認】**
　さてこれで、論文の中心になる第2章の各論点が出揃った。次は、この3つの論点間の関係を考えてみる**順列・組み合わせ**をしながら再点検だ。第一の論点が「能力開発」、第二が「協力」、第三が「目標」のグループで、これでそれぞれの論点はＯＫだね。
　ちょっと待てよ、その前に全体を見渡して点検してみようか。あれ？　3点目の「目標」の関係では、対策中心に考えてきてしまったので、問題点・課題について、十分に考えてきていなかったな。

そうだ、こういうときは、対策から課題を考えるという**裏ワザ**があったね（107ページ）。

　で、3点目の「目標」の**問題点**は何だろう。ウチの係は自分達、事務職と、それぞれの技術をもった専門職とで構成されているから、お互いに見ている方向が若干違っているときがあるよね。

　専門職はやはり、それぞれの**ケース**や対象について具体的に対処しなければいけないし、**事務職**はそれを支援したりすることもあるけど、計画や予算、総合調整の方がメインの**役割**だから、仕方ないか。

　でも、市民ニーズは変化しているし、新しいニーズにどう対応するのかということも常に考えておかなきゃならない。どこに課題や問題があって、どうやって解決していくのかということを係員全員で**共有**しておかなければ、間違った方向に進んだり、効果のない努力をしたりしてしまうかもしれない。

　目標を明確にするという点からは、日々の目前の仕事だけでなく、先の変化を見据えた取り組みをしなければならないから、**日常業務**に追われがちなことも問題点だよね。よし、これで裏ワザを使って問題点を発想できた。

　さて、何とか3つの論点の問題点・課題と対策が出揃ったな。やっと論点間の関係について考えることができる。

　論述の方向性としては、職員個々人の能力開発を行って、その能力を係全体の能力へとまとめ上げていき、全体として効率的、効果的に事業を実施する。そして、職務を遂行するために目標による管理の手法を使うという、小さなことから大きなことへという「小→大」の**構成**となるか。

　その反対に、組織力を使って大きな成果を挙げるためには、まずは全体の目標を定めた上で、それを達成するためには係全体の能力向上が必要となる、そしてそのためには個々の職員の能力を向上しておくことも重要という大きなことから小さなことへという「大→小」という**論理展開**もあるな。どっちがいいかな？

　ちょっと待てよ、目標による管理というのは、個人にしろ、組織にしろ能力発揮の基本、**前提**になるんじゃないか？　とすると、基本は小→大の論理展開で、その前提として組織目標を明示するというのはどうだろう。

　そうだ、その方が、職員個人の自律的な職務遂行だけではなく、係全体で市民ニーズなどの環境変化に対する理解、対応方法の検討、職務遂行の方法の改善など、自ら進んで仕事に取り組んでいくという積極的な姿勢を示せるかもしれない。

実践編　Point & Formatによる昇任試験論文の書き方
論文の構成　6つのポイント

では結論。第2章の第一は「目標」をベースにして、次の第二は「能力開発」、第三は「協力態勢」という論理展開にしよう。この3つが論文の小見出しに使うキーワードだから、丸く囲って**強調**しておこう。

❻第3章の構成

さて次は、第3章だ。第3章は、提示した3つの方策を実施することによって、どのように改善されていくのか**将来展望**を示して、それを実現するための決意表明だな。ここは、試験論文の場合は、あまり大きく変わるところがない部分だ。パターン化しやすいってことだね。

注意するのは、**設問**の内容と、設定した**自分なりの**テーマによる解決の**方向性**が、きちんと**対応している**ということだ。第3章の中段の部分にあたるから、そこはよく考えなくちゃね。

設問の分析で考えた、職員個々の能力の単純な総和よりも大きな「十二分の能力」を発揮して、その余力を新たな課題にチャレンジするパワーにするという「**結論の方向性**」をもう一度再確認しておくために、このキーワード・グループを丸で囲んでおこう。

では、まず1段目の部分から。ここは、いつものパターンで、他の設問を考えるときとほとんど同じだけど、この設問では、**係の活性化**なので、係の資源である「人材」と「予算」を「活用」するということにしよう。さっきの第1章の構成で大きく3と書いて《注意!!》とメモったところだね（130ページ）。

だから、第1章には**目指すべき方向**として「チャレンジ」する係をつくるということをきちんと入れておかなきゃな。付箋紙に「チャレンジする係づくり」と書いて追加しておこう。これで、第1章の補強と、第3章へのつながりをつけて、**論理展開**がしっかりできていますよという**アピール**にもなるからね。

次は第2段落。ここが、自分なりのテーマとした「組織力」をどうやって創り出して、どう使っていくのか、その上でどのような**効果**を実現するのかを示す、この論文で一番重要な流れを示すところだ。

設問のキーワードは、「係」「活性化」「係長」「役割」だから、これをきちんと押さえた上で何を行動するのかを表現して、どんな効果、**成果**を出すのかを**明示**しなければならないんだ。

さてもう一度、抽出したキーワード群のグループを見渡してみよう。これだ、「能力」「統合」「組織力」が使えそうだ。あっ、あと大事なのは「十二分に」の

キーワードだ。これで余力を生み出して、新たな課題にチャレンジできるパワーとするんだった。

あと、自分は積極的に係長として活動しますよというのも入れておく必要もあるな。この辺は、設問のキーワードを出発点とした論点発想では十分に考えてこなかったからな。

では、ここで少し立ち返って、関連するキーワードから**演繹法的**に発想して再確認してみることにしようか。自分が係長になったら、どんな係をつくるのかということだから、「係長」と「係」のキーワード群から基になるキーワードを見つけて発想してみるか。

やっぱり、「係の統括」「職員の指揮・監督」「リーダーシップ」で係員をまとめ上げていく必要があるよな。係からは、職員の「集団」として「協働」「協力」などがある。でも、もう少し打って出るような動きのあるキーワードがほしいな。

そうだ、「協働」を積極的にしていくと「挑戦」とか「チャレンジ」にもつながっていきそうだ。積極的といえば「積極果敢」という勇ましい言葉も浮かぶし、職員が自ら進んで動くように意図的に指揮・監督しなければ、指示待ちの職員になってしまうだろう。係員が積極的、「能動的」に動くことが必要だ。

集団のキーワードからは、みんなで協力する人間関係のよい職場というイメージで、「職員集団」をつくっていくというのはどうだろう。これらのキーワードをそれぞれのグループに追加して、丸で囲って忘れないようにしておこう。

おっと、集団で思い出した。係員をいかに督励しても、人間の集団として係内の**雰囲気**をよくしておかなければならないなぁ。それに、組織力として十二分の力を発揮するといっても、いざというときに職員が一致協力して当たらなければ、その力を引き出すことはできないよね。そのためには、日常から雰囲気のよい、自分のことだけではなく、他の人のためや係全体のために協力できる気持ちを職員のみんなにもっておいてもらわなければならない。

そうだ、それこそが組織力の源泉になる重要な点だ。他の係や部署とも協力でき、突発的な問題が起こっても係員みんなで一丸となって協力できるチームワークのよい、積極的に動いていく係をつくっていかなければならない。

とはいっても、これを第3章の最後に加える余裕はないし…。そうだ、第2章の第三点目の係の協力態勢の**効果**として指摘しておくのはどうだろうか。ちょっとメモを**追加**しておこう。

実践編　Point & Formatによる昇任試験論文の書き方
レジュメの作成・論文化　4つのポイント

　次はいよいよ、**最後の締め**の文章だ。ここもほとんどの論文でほぼ同じ。パターン化してあるからそれを使ってみるか。キーワードとしては、自分を磨いてという「**自己研鑽**」、係長としての「**リーダーシップ**」、忘れてならないのは「**課長の補佐**」という役割も重要だ。
　そして最後の締めは、設問に**関連**するキーワードでビシッと決めて終わらせよう。「活性化」が設問の最大のキーワードだから、「**活力**」ある係をつくるというのでいいな。これで決まりだ。
　最後に、係長としての自分自身の「**覚悟**」を**表明**すれば、終了だ。さあ、これで発想してきたキーワード群が整理されてきた。追加もあったので、この後で文字数制限との関係で整理する必要も出てくるかもしれないけどね。
　次の段階に進んで、取捨選択、順列・組み合わせしたキーワード群を基にレジュメにしていこう。

Point & Formatによる昇任試験論文の書き方
実践編　レジュメの作成・論文化　4つのポイント

❶レジュメの基本フォーマット作成

　これまで、キーワードの発想からグループ化、それを順次整理して論文の構成をイメージした順番を考えて並べ直してきました。
　次は、その思考過程を確認しながら、レジュメのフォーマットに短文を記入して整理していきます。ここで注意しなければならないのは、決して論文の「文章」を書いてはいけないということです。短い文でキーワードをつなぎあわせていくことが、論文の構成を明確にしながら、論理展開を考えていくことになるからです。
　レジュメ作成の過程で頭の中に文章が思い浮かんできたとしても、それは頭の中に置いておいて、短く、整理された「短文」のみをレジュメの中に記入していきます。
　では、レジュメづくりの疑似体験に入りましょう。

　いよいよ次は、レジュメの作成だ。机の上のキーワード群を俯瞰して、頭の中のキーワードを再整理しながらレジュメのフォーマットに記入していく段階だ。

まずは、**第1章**からだ。おっと、その前に設問を再確認するためにも、1行目に**設問を短い文**にして入れておかなきゃ。「係の活性化と係長の役割」でいいな。本番の設問では、長い文章になっていたりすることもあるから、ここは注意だな。

では、本文に入ろう。**第1章**は、背景、問題意識、テーマの欄に1行ずつの短い文を入れていこう。

「背景」は、自分が解答者として、この設問が出されたのはなぜかということを解答の前提としてきちんと理解して、押さえた上で論述していきますよという**表明**でもあるから、単なる背景説明ではないことに注意だな。

キーワード群からは、「デフレ脱却の政策展開、市民に未達、市民ニーズは変化、増大」ということになるかな。

次は、**問題意識**の欄だ。これは、**出題者の隠された意図**を自分なりに定義して、設問から課題を導き出すことが必要だ。「市政の使命は、最少の経費で最大の効果、住民福祉の向上」となる。自治体職員として当たり前といえば当たり前過ぎるけど、常に使命の再認識は重要だ。

その使命に基づいて、出題された課題をどうやって解決、克服していくのかというのが、**自分なりのテーマ**の設定だ。

ここが、自分を含めた解答者のそれぞれの個性が出るところだし、これを**視点≒「支点」**としてテコの原理のイメージで、具体的な行動として動かしていくことになるんだよね。

次に**論理展開**の方向性として、「活性化で係員・係の能力向上、統合して組織力へ、チャレンジする係づくり」で、設問の「活性化」によって市政の使命を果たしていくという方向性を示せるな。

では次に、**第2章**の3点の具体的な問題点と解決策だ。それぞれの論点に対してできるだけ3点の事項を挙げるんだったね。

第一の論点は、「目標の明確化」だから、**問題点1**の見出し欄に記入しておこう。事項Aの問題点は「日常業務、追われ」、B「変化に対応不可」、Cは「態勢できていない」と3点出てくるな。

解決策1は、A「係目標の設定、共有」、B「個人目標への細分化」、C「係会で達成状況確認、評価、協力」の3点だ。それによる効果は、効果欄に「**士気高い活力ある係組織**」として、**出題意図**と**自分なりのテーマ**を意識した効果を指摘しよう。

次、**論点第二**は、「職員の能力開発」を見出し欄に記入。問題点2の事項Aは

実践編　Point & Formatによる昇任試験論文の書き方
レジュメの作成・論文化　4つのポイント

「前例踏襲」、B「指示待ち」、Cは、課題として「臨機応変×、仕事改善」だな。

解決策2の事項Aは「計画的なOJT」、Bは「専門研修参加、自主勉強会奨励」、Cは「係会で発表、共有化」として、その**効果**は「新たな課題、挑戦的係」とすれば、**自分なりのテーマ**のチャレンジする係づくりにつながるな。

続いて**論点第三**だ。見出しは「協働態勢の確立」としよう。問題点3の事項Aは「事務分担の細分化」、B「担当業務に追われ」、C「課題を個々に抱えこむ」の3点だな。

解決策3の事項Aは、より**具体的**な実施策にした方がよさそうだから「**毎朝3分間ミーティング**」がいいな。Bは「係長からの積極的な情報提供、庁内LAN活用」、Cは、追加した事項を忘れてはいけないぞ、「良好な雰囲気づくり」を入れておこう。こうすることによる**効果**は「係一丸で協力、チームワークのよい係」だ。

よし、この流れを次の**第3章**につなげていくぞ！　ここは**第1章**との**関係性**に注意しなくちゃいけないんだよね。**自分なりのテーマ**である「組織力」を前面に出して、それを新たな課題解決のための「余力」として創り出せる係をつくるというのが論文全体を**凝縮**した**結論**となることを押し出していこう。

で、まずは**前提条件**の欄は、「厳しい財政状況、限られた財源、人員」は、ほとんどの論文でも使える**共通的**な制約条件だから、これでいいな。しかし、こういう制約条件の下でも、今ある資源を「活用、新たな課題」に取り組まなきゃいけないという前向きな姿勢を示しておこう。

将来展望は、提示した解決策を実施することによって実現できる将来の姿を明確に、しかも力をこめて提示するんだったね。

ここで重要なのが、提示した解決策を**自分自身**が**自ら進んで**実行するっていう**態度表明**もこめた論述にすることだ。だから「私は、係長として」という文は絶対に必要だけど、レジュメではスペースが少ないから、記入はしないでよしと。

で、**将来展望欄**には「係の活性化、能力の総和を超える十二分の力、組織力へ統合、余力、新課題、積極果敢、挑戦、職員集団」とぎっしりだな。

もう早く原稿用紙に書きたくなってきた。けれど、その前に、やっぱりお決まりの決意表明だ。

決意表明欄には「自己研鑽、適切なリーダーシップ、課長を補佐、活力みなぎる係づくり、邁進、覚悟」として、最後は**設問**の**活性化**と同じ意味合いの「活力」で締めるとしよう。これで論理の一貫性も示せるし。しめしめ。

139

さあいよいよ、原稿用紙に流しこみで書くぞ!!

習作論文　レジュメの基本フォーマット

設問						
1	背景		デフレ脱却の政策展開、市民に未達、市民ニーズは変化、増大			
	問題意識		市政の使命は、最少の経費で最大の効果、住民福祉の向上			
	テーマ		活性化で係員・係の能力向上、統合して組織力へ、チャレンジする係づくり			
2	問題点1	見出し	目標の明確化	解決策1	効果	士気高い活力ある係組織
		A	日常業務、追われ		A	係目標の設定、共有
		B	変化に対応不可		B	個人目標への細分化
		C	態勢できていない		C	係会で達成状況確認、評価、協力
	問題点2	見出し	職員の能力開発	解決策2	効果	新たな課題、挑戦的係
		A	前例踏襲		A	計画的なOJT
		B	指示待ち	2'	B	専門研修参加、自主勉強会奨励
		C	臨機応変×、仕事改善		C	係会で発表、共有化
	問題点3	見出し	協働態勢の確立	解決策3	効果	係一丸で協力、チームワークのよい係
		A	事務分担の細分化		A	毎朝3分間ミーティング
		B	担当業務に追われ		B	係長からの積極的な情報提供、庁内LAN活用
		C	課題を個々に抱えこむ		C	良好な雰囲気づくり
3	前提条件		厳しい財政状況、限られた財源、人員、活用、新たな課題			
	将来展望		係の活性化、能力の総和を超える十二分の力、組織力へ統合、余力、新課題、積極果敢、挑戦、職員集団			
	決意表明		自己研鑽、適切なリーダーシップ、課長を補佐、活力みなぎる係づくり、邁進、覚悟			

❷習作論文の解答用紙への流しこみ

　レジュメへの短文の記入が終わると、次はレジュメを確認しながら、論文を解答用の原稿用紙に書いていきます。頭の中は、もう論文の文章になる言葉で一杯になってきています。

　その言葉を論文のカタチへと、文章を流しこんでいくつもりで原稿用紙の上に書き出していきます。

　ここでは、でき上がった習作論文を掲載しておきます。

| 設問：
係の活性化と係長の役割 | 氏名 | ○○課
公職研二 |

1　係の活性化を市民福祉の向上へ

　現在の社会経済情勢は、長期の経済停滞からの脱却を目指して多くの政策が展開されているが、市民の実感までには届いていない。一方で、市民のニーズは多様化、複雑化し、量的にも質的にも増大、変化している。

　このような中において、私達市政の使命は、最少の経費で最大の効果を発揮して住民福祉の更なる向上を図ることにある。

　私は、係の活性化により係員と係組織の能力を統合して組織力へとまとめ上げ、変化する住民ニーズに果敢にチャレンジする活力ある係づくりを目指す。

2　活力ある係をつくるために

　職員の能力を十分に発揮させ、活力ある係をつくるために、市組織の最先端のリーダーである係長は、以下の点に留意して係運営を統括していかなければならない。

　第一に、係と職員の目標の明確化である。私は現在、様々な専門職が集まりそれぞれの立場から最善の市民サービスを提供する係で、事務職として日々の職務に取り組んでいる。しかし、各職員は日常の業務に追われがちであり、市民のニーズに的確に応えられる係態勢になっているとはいえない。

係長は、まず市政全体の中での係の組織目標を明確化し、全係員で共有する。その上で、係の目標を職員の目標にまで細分化して各々の個人目標として設定する必要がある。
　そのために私は、定例係会において各種業務の進行管理表など目に見える形にして係員に提示し、係組織全体で進行を管理する。併せて、各職員の目標達成状況を確認して達成度の高い職員は評価し、遅れのある事業には職員間の協力を促していく。
　これにより、職員間での協力関係を構築し、新たな課題が発生した際にも一致協力して立ち向かう士気の高い活力ある係組織とすることができる。
　第二に、職員の能力開発である。
　社会が変化する中でも、未だに前例踏襲や上司からの指示待ちで仕事をしている職員を見かける。職員が変化する市民ニーズに臨機応変に対応するためには、新しい発想で仕事を改善できる職員を養成する必要がある。
　そのために係長は、まず各職員に対して計画的にＯＪＴを実施して職員個々の職務能力を向上させていかなければならない。
　また、法令改正や制度変更などの大きな社会環境の変化に的確に対応するために、各業務に関する外部専門研修へ参加させる。加えて、職員による自主的勉強会を奨励する。
　こうして得た個々の知識を、係会等を通じ

て係全体の知識として共有化を図る。これにより、最新の知見を活用して新たな課題に立ち向かう挑戦的な係としていくことができる。
　第三に、係の協働態勢の確立である。
　係内の事務分担が細分化されてくると職員は個別の担当業務に追われ、職務上の課題や問題点を個々に抱えこみがちになる。新たな解決策を見出すためには、他の職員や他係の知見とノウハウを結集して取り組む必要がある。
　そのために私は、係長として毎朝の3分間ミーティングを励行して、係内のコミュニケーションを活発化させる。ミーティングでは、当日のスケジュール調整や事業実施の状況確認だけでなく、職務に関する情報交換や係長として予想される問題や課題なども積極的に発信していく。また、係長として入手した課内や他部署の動向についても、庁内LANを通じて各職員に日常的に提供し、共有化を図る。一方で、昼休みや勤務時間外などにも係員とのインフォーマルな関係づくりに常に配慮して良好な雰囲気づくりに心がける。
　これらにより、新たな課題や突発的な問題発生時にも係一丸となって協力して対応できるチームワークのよい組織としていくことができる。
3　係の活力を組織力へ統合
　市政を取りまく環境は、常に変化しており、

> 　市政は限られた財源と人員をフルに活用して新たな課題に取り組まなければならない。
> 　私は、係長として係の活性化を図り、職員の能力の総和を超える120％の組織力へと統合していく。生み出される余力を活用して新たな課題に積極果敢に挑戦する職員集団を創る。そのために、自己研鑽に励み、リーダーシップを発揮するとともに、課長を補佐して、活力ある係づくりに邁進する覚悟である。

　ふぅ、やっと書けた。この習作論文をもう一度読み直して、誰かに読んでもらわなきゃね。そうだ、去年の昇任試験に**合格**した**先輩**に読んでもらって、**添削**をお願いしよう。
　それと、私は昇任選考を**受験**しますよという**意思表示**も含めて、上司にも読んでもらおう。

> 　これで、論文を書くシミュレーションが終わりました。実際に論文を書いていく作業の中では、前に戻ったり、修正したり、つけ加えたりすることがよくあります。そのような思考や作業も試験論文の勉強段階ではたくさん経験しておくことをお勧めします。
> 　そのような試行錯誤をする際には、付箋紙のキーワードの並べ替えや、メモのつけ加え、マークや矢印などの記号を見える形で残しておく作業が有効です。
> 　それらのメモを確認しながら、レジュメの作成、原稿用紙への記入（思考の流しこみ）をすることが、本番試験時にメモから論文化するための勉強、練習になります。
> 　次の2つのポイントでは、ポイント❶で示した基本フォーマットのレジュメをより深く活用する方法を解説します。

❸レジュメの活用①【5行レジュメ】

　5行レジュメは、基本フォーマットのレジュメを5行に圧縮したものです。いくつかの設問で習作論文を書いて、論文作成に慣れてきたら、レジュメの基本フォー

実践編　**Point & Formatによる昇任試験論文の書き方**
レジュメの作成・論文化　4つのポイント

マットを使わずに、5行レジュメを作成して論文を書く練習をします。この練習は、本番試験のときと同じ制限時間と外部から阻害されない環境を準備して練習すると効果的です。

　また、**本番試験**でもキーワードを記入していくのは、この5行レジュメ（のイメージ）が基本となります。5行レジュメを中心にして、論文の構成を考えていく練習にもなります。

　習作論文で使った基本レジュメから5行レジュメへと圧縮した例を示しますので、参考にしてください。

習作論文　5行レジュメ

設問		係の活性化と係長の役割			
1	意識・テーマ	デフレ脱却、政策、市民不届／係員・係の能力向上、統合、組織力へ、チャレンジ、係づくり			
2	問題点1	目標：日常業務／変化対応×／態勢×	2'	解決策1	係目標設定共有／個人細分／達成状況→士気・活力
	問題点2	能力開発：前例踏襲／指示待ち／臨機応変×		解決策2	ＯＪＴ／専門研修、勉強会／共有→挑戦的係
	問題点3	協働：事務細分化／担当追われ／抱えこみ		解決策3	毎朝3分ＭＴＧ／情報提供／雰囲気づくり→係一丸
3	展望・決意	係活性化、十二分の力、組織力へ統合、余力、挑戦、職員集団／自己研鑽、課長補佐、活力ある係づくり、邁進			

❹レジュメの活用②【3行レジュメ】

　3行レジュメは、5行レジュメを更に圧縮したものです。多くの設問で習作論文ができてきたら、5行レジュメを整理するつもりで、1枚の紙の上に6～8問の設問を集めることができます。

　この3行レジュメ集を活用して、通勤時間や休憩時間などの**細切れ時間**を論文の**復習**の時間とすることに活用できます。また、本番試験の直前には、これまで考えてきた設問、書いてきた習作論文を確認して、**自信**をつけることにも役立ちます。

習作論文　3行レジュメ

設問		係の活性化と係長の役割	1 意識・テーマ		係員・係能力向上、統合、組織力、十二分
2	問題点1	目標：日常業務／変化対応×／態勢×	2'	解決策1	係目標設定・個人細分／達成状況→士気・活力
	問題点2	能力開発：前例踏襲／指示待ち／臨機応変×		解決策2	ＯＪＴ／専門研修、勉強会／共有→挑戦的係
	問題点3	協働：事務細分化／担当追われ／抱えこみ		解決策3	毎朝3分ＭＴＧ／情報提供／雰囲気づくり→係一丸

著者紹介
伊 東 博 巳
1953年生まれ。
1977年早稲田大学社会科学部卒業後、会計事務所勤務を経て、1979年大田区役所入庁。
情報システム課長、産業経済部長、公益財団法人大田区産業振興協会専務理事等を歴任。

著　書　『ＰＣ98シリーズ自分のためのプログラミング』（西東社）
　　　　『ＰＣ9801シリーズＢＡＳＩＣ用語・用例辞典』（成美堂出版）
　　　　『これで使える実践ＭＳ－ＤＯＳ Ver3.3』（西東社）
　　　　『ＰＣ－9801新ＭＳ－ＤＯＳ用語・用例辞典』（成美堂出版）
　　　　『工場まちの探険ガイド』（共著、大田区立郷土博物館、特別展図録）
　　　　など

昇任論文ポイント＆フォーマット作成法　　　　　Ⓒ　2016年

2016年（平成28年）8月31日　初版第1刷発行

定価はカバーに表示してあります
著　者　伊　東　博　巳
発行者　大　田　昭　一
発行所　公　職　研
〒101-0051
東京都千代田区神田神保町2丁目20番地
TEL03-3230-3701（代表）
　　03-3230-3703（編集）
FAX03-3230-1170
振替東京　6-154568

ISBN978-4-87526-367-8 C3031　http://www.koshokuken.co.jp/

落丁・乱丁は取り替え致します。　PRINTED IN JAPAN　　印刷　日本ハイコム㈱
★ ISO14001取得工場で印刷しました